ソツのない受け答えからクレーム対応まで

一生使える「電話のマナー」

尾形圭子

Keiko Ogata

Skill Of Telephone Manners

大和出版

はじめに　どんな相手・状況でも自在に対応できる！

ビジネスパーソンにとって、「電話応対」は必須スキルのひとつです。電話を受けたり、かけたりするのは誰でもできることですが、仕事の電話（ビジネス電話）では、特有のルールやマナーがあるからです。

電話応対に苦手意識をもつ人はたくさんいます。

社会人経験が浅いために過度に緊張したり、電話が「声」だけのコミュニケーションであることから不安になったりするのです。

そこで本書では、ビジネスシーンでのはじめての電話応対に戸惑う新入社員から、臨機応変な対応が求められ、通り一遍の知識では限界を感じている人まで、すべてのビジネスパーソンに向けて、ソツのない受け答えからクレーム対応の具体的な方法までを網羅した、ワンランク上を目指せる内容になっています。

まずは、「恥をかかない」「失礼にならない」電話応対から始めて、最終的にはお客様からの信頼に結びつく「一生使える電話のマナー」を手に入れましょう。

また近年、電話応対の現場は確実に変化しています。

お客様からの〝貴重な声〟としてのクレームだけでなく、これまでの考え方では通用しない〝困った電話〟が急増しているのです。もちろん、クレームをいただいたお客様に満足していただけるよう、サービスに努めるという基本姿勢に変わりはありません。

しかし一方で、理不尽な要求に対しては、毅然とした態度で臨み、ことを大きくせず、できるだけ早急に火消しをするための対応も必要になってきているのです。

こうした現状を踏まえたクレーム電話への対応についても、本書では詳しく解説しました。

クレーム対応の基本からハードクレーム対策、さらにクレーマーのタイプに合わせた対処法まで、電話に出た人（一次対応者）がどのように応対すればいいのか、その方法について述べています。

このように、電話応対のしかたも時代とともにバージョンアップしなければなりませんが、その意味では携帯電話のマナーについても同様です。

いまや携帯電話は、ビジネスに欠かせないツールですが、必ずしも使用上のルールが確立されているわけではありません。とはいえ、社会常識として守るべきマナーがあるのも事実です。そこで、さまざまな現場を指導した経験から「実践的なマナー」を紹介しています。

私はこれまで25年以上人材育成に携わり、「結果が出る研修」を15年以上行い、リピート率は95％を超えました。研修先は、企業や店舗など５００社以上にのぼります。数々の研修の結果として、「電話応対での苦情やトラブルがなくなった」「顧客満足度が飛躍的に向上した」との声をくださる企業が続出するなど、目に見える形で成果が出ています。

今回の出版にあたっては、これまでに刊行した拙書のエッセンスを整理・再構成するとともに内容をアップデートしました。印象がいい「ていねいさ」だけではなく、状況に合わせた「柔軟な対応」や、信頼感を生み出す「テキパキとした受け答え」を身につけていただくことができるはずです。

本書があなたのスキルアップの一助になることを心から願っています。

尾形圭子

一生使える 電話のマナー 目次

PART 1 ビジネス電話のルールとマナー

Chapter 1 焦らずスマートにできる電話の受け方

Chapter 2

周囲から信頼される電話の取り次ぎ方

Chapter 3

相手に好印象を与える電話のかけ方

Chapter 4

便利だからこそ要注意! 携帯電話のマナー

PART 2 ワンランク上の電話トーク術

Chapter 1 ここで差がつく敬語と言葉づかい

Chapter 2

好感度を上げる声のトーンと話し方

Chapter 3

こんなとき、どうする？トラブル対処法

PART 3 クレーム電話の受け方・さばき方

Chapter 1 まず押さえてほしい クレーム対応の原則

Chapter 2

お客様をヒートアップさせない クレームの初期対応

Chapter 3

クレームを収束させる 状況把握と説明

Chapter 4

それでも解決しない! ハードクレーム対策

Chapter 5

モンスタークレーマーのタイプ別対処法

本書は、『【場面別】電話の正しい受け方・かけ方』『［場面別］クレーム電話 完全対応マニュアル』『【場面別】敬語の正しい使い方』（以上、大和出版）を大幅に加筆修正したものです。

本文デザイン　村崎和寿
編集協力　メディアポート

PART 1

ビジネス電話のルールとマナー

電話応対がうまくなる秘訣は、まず基礎スキルを身につけることです。

日頃、プライベートで長電話を楽しんでいたとしても、ビジネスの現場で思いどおりに話せるとは限りません。

電話応対は大きく、「電話を受ける」「電話を取り次ぐ」「電話をかける」という3つの場面に分けることができます。

そこでPART1では、この3つに「携帯電話」を加えた4つのChapterで詳しく解説します。

Chapter 1

焦らずスマートにできる 電話の受け方

オフィスにはいつ、どんな電話がかかってくるのか、予想がつきません。まず、電話応対の手順と具体的なフレーズをマスターしてください。

ビジネス電話では、「定番」と呼べるような慣用的な表現も少なくありません。

まずは、電話を受ける場面から始めましょう。

①
電話に
出る

あなたの第一声が会社の印象を左右する

基本

「はい！　□□社○○部でございます」

「お電話ありがとうございます。□□社○○部でございます」

応用

※3コール以上待たせてしまったら

「（たいへん）お待たせいたしました」

※午前11時頃までなら

「おはようございます」

社会人経験の浅い人にとって、突然かかってくる電話は〝緊張の瞬間〟かもしれません。しかし、プラベートと同様に「もしもし」と応対してしまうようでは、ビジネスパーソン失格です。

明るくさわやかに**「はい！」と答えてから、会社名や部署名を名乗りましょう**。会社によっては、そのあとに個人名を加えるケースもあります。いずれにしても、会社のルールに従ってください。これで最低限のマナーは守ることができるでしょう。

しかし、あなたの第一声は会社の印象を大きく左右します。

そこで、ぜひ覚えておいてほしいのが**「お電話ありがとうございます」というフレーズ**です。この一言で、あなたの気配りを相手に伝えることができます。

また、電話に出る前に呼び出し音が3コール以上鳴ってしまったら、「お待たせいたしました」のお詫びが必要です。もし、**5コール以上なら「たいへんお待たせいたしました」と丁重に対応**します（1コール目が終わる頃に、落ち着いて受話器をとるのがベスト！）。

さらに、午前11時頃までなら**「おはようございます」の第一声も好感度は高い**でしょう。

●ビジネスで「もしもし」はダメ！　仕事モードで対応しよう

②挨拶を交わす

挨拶の定番フレーズを覚えておく

基本

※「□□の○○と申します。いつもお世話になっております」と挨拶されたら

「こちらこそ、いつもお世話になっております」

応用

※（冒頭の挨拶がなく）「□□の○○と申します」と言われたら

「いつもお世話になっております」

かかってきた電話に出ると、相手から「□□の○○と申します。いつもお世話になっております」などと挨拶されるのが一般的です（48ページ参照）。

では、あなたはどのように挨拶を返せばいいのでしょうか？

「はい。……」

電話応対に慣れていないと、うまく言葉を継ぐことができないかもしれません。

そこで、**「こちらこそ、いつもお世話になっております」という定番フレーズ**を覚えておいてください。

ここで、こんな疑問を抱く人もいるでしょう。

「面識がない人にも、『いつもお世話になっています』と言うのはヘンじゃないか？」

しかし、ビジネスでは「会社対会社」の関係が基本であり、この挨拶は慣用表現として定着しています。

仮に、相手が挨拶しなくても、**こちらから積極的に「いつもお世話になっております」と挨拶する**ようにしましょう。

●ビジネスの挨拶では決まり文句がある。早く慣れてしまおう

③相手を確認する

その場で相手の名前をていねいに尋ねる

基本

「恐れ入りますが、お名前をお聞かせいただけますか？」

応用

※単刀直入に尋ねる場合

「失礼ですが、お名前をお願いいたします」

※聞き取りにくい場合

「申し訳ございませんが、お名前をもう一度お願いできますでしょうか？」

お客様のなかには、自分の名前を名乗らずに話し出したり、取り次ぎを頼んだりする人もいます。その場合は、こちらから相手の名前を尋ねます。**ビジネスでは、会社名と自分の名前を名乗るのが原則**なので、失礼にはあたりません。

「恐れ入りますが、お名前をお聞かせいただけますか？」という表現が一般的です。

「どちら様でしょうか？」という言い方をする人がいますが、これはNG。なぜなら、「あなたは誰？」という言い回しをていねいにしているだけだからです。

また、「お名前を頂戴《ちょうだい》できますでしょうか？」という表現もよくつかわれますが、文法的に誤りです。「頂戴する」は、モノに対してつかう言葉なのです。

こうした間違った表現をするより、「失礼ですが、お名前をお願いいたします」と、単刀直入に尋ねるほうが賢明です。相手の名前が聞きとりにくいときは、「申し訳ございませんが、お名前をもう一度お願いできますでしょうか？」と確認します。

なお、「恐れ入りますが」「失礼ですが」「申し訳ございませんが」といった一言を添えることで、ていねいな表現になります（90ページ参照）。

●一見、ていねいでも間違った表現がたくさんある。ここは要注意！

④ 用件を聞く

必ず復唱して内容を確認する

基本

※復唱する前

「それでは、復唱させていただきます」

※復唱した後

「以上でよろしいでしょうか？」

注意

間違いやすい数字やアルファベットは復唱のしかたを工夫する

0→「ゼロ」　4→「ヨン」　7→「ナナ」

B→「ABCのB（ビー）」　D→「デンマークのD（ディー）」　など

電話で用件を聞いたら、復唱するのが原則です。電話応対に限らず、復唱は「仕事の基本」ですが、とくに電話では聞き間違いを避けるため、復唱を怠ってはいけません。

その際、**「それでは、復唱させていただきます」と相手にことわってから話す**とていねいです。ただ、懇意にしている相手には**「復唱いたします」**と簡潔に伝えれば十分です。

また、重要な事柄についてはゆっくり話したり、聞きとりにくい言葉は復唱のしかたを工夫したりすることも大切です。たとえば、「1時の待ち合わせ」なら、「午後1時」あるいは「午後1時、13時」と復唱します。

数字やアルファベットは、聞き間違いが多いので注意します（右ページ参照）。

ただし、むやみに言い換えをすると、かえって相手に不快感を与えかねません。

たとえば、相手が「申込書の書式」と言っているのを「申込書のフォーマット」などと言い換える必要はありません。

復唱を終えたら、**「以上でよろしいでしょうか？」と確認**します。「以上でお間違いないですか？」は、相手に責任を押しつけているような印象があるので避けましょう。

●電話応対で「復唱」を怠ると、大きな失敗を招くおそれがある

電話の受け方
電話の取り次ぎ
電話のかけ方
携帯電話
言葉づかい
トーンと話し方
トラブル対処法
クレーム対応原則
初期対応
状況把握と説明
ハードクレーム
タイプ別対処法

⑤保留にする

電話を保留にするときは30秒以内にする

基本

※保留にする前

「（ただいまお調べいたしますので）少々お待ちいただけますか？」

※保留後に会話を再開するとき

「（たいへん）お待たせいたしました」

注意

※30秒以上かかりそうなら

「お待たせして申し訳ございません。
折り返しお電話いたしますが、よろしいでしょうか？
それともこのままお待ちいただけますか？」

電話の用件によっては、会話を中断して「保留」にしなければならないときがあります。その際、こともなげに「ちょっとお待ちください」と、電話を保留にするのは相手に失礼です。保留ボタンを押す前に「（ただいまお調べいたしますので）少々お待ちいただけますか？」などとその理由を伝え、礼儀正しく相手にことわりの一言を入れます。そして、保留後には「（たいへん）お待たせいたしました」と述べてから、会話を再開します。

ここで覚えておいてほしいのは、**保留で相手を待たせるのは30秒が限度**だということです。30秒という時間は、受話器を耳にあてたままじっと待っている相手にとって、相当な苦痛です。**時間がかかりそうなときは、基本的に折り返しにします。**

もし、30秒以上になりそうなら、その前にいったん電話に戻って「折り返しお電話いたしますが、よろしいでしょうか？　それともこのままお待ちいただけますか？」と伝えます。こうした配慮は「取り次ぎ」でも必要です（36ページ参照）。

なお、「しばらくお待ちください」という言い方をする人もいますが、一般的に**「しばらく」は「少々」よりも長い時間を連想させる**ので、つかわないほうが賢明です。

●保留ボタンを押す「前と後の一言」で、あなたのプロ度がわかる

⑥電話を切る

最後まで気を抜かないで、ていねいに電話を切る

基本

「それではよろしくお願いいたします」

「本日はお電話ありがとうございました」

⬇「失礼いたします」

応用

※スケジュール調整の用件なら

「それでは明日、お待ちしております」

※引き続き、連絡が必要なら

「それではまたご連絡いたします」

別れ際の印象は、相手に強く残るものです。電話を切るときも、最後まで気を抜かないようにしましょう。

話の内容を復唱・確認したら、「それではよろしくお願いいたします」「本日はお電話ありがとうございました」などと述べます。それまでの話の流れに合わせて、「それでは明日、お待ちしております」「それではまたご連絡いたします」などの表現でもいいでしょう。

そして最後に「失礼いたします」と挨拶してから電話を切ります。

電話を切るときには、受話器を置くタイミングにも注意してください。

ビジネスでは電話をかけたほうから切るのが原則です。したがって、電話を受けたときには、**相手が電話を切ったことを確認してから静かに受話器を置く**ようにします。

電話の切り方について付け加えると、こちらから電話をかけたときも、相手が目上の人やお客様の場合は、相手が電話を切るのを待ってから受話器を置くのがマナーです。

なお、まれに指でフックを押して電話を切る人がいますが、ともすると切るタイミングが早くなってしまうので、おすすめしません。

●相手が電話を切るのを待ってから受話器を置く

ここが盲点！

電話のマナー「やってはいけない！」チェックシート

Chapter 1　電話の受け方

あなたは、こんなことをしていませんか？

× 日頃のクセで「もしもし」と電話に出てしまうことがある。

× 外部からの電話が苦手で、呼び出し音が鳴ってもなかなか出ないことがある。

× 相手から挨拶されても、「はい」としか返事ができない。

× 相手を確認するのに「どちら様でしょうか？」と尋ねる。

× 相手を確認するのに「お名前を頂戴できますでしょうか？」と尋ねる。

× 用件を復唱するとき、早口になることがある。

× 用件を復唱するとき、数字やアルファベットの言い方に気を配ることはない。

× 用件を復唱するとき、むやみに相手の言葉を言い換える。

× 復唱を終えると、「以上でお間違いないですか？」と確認する。

× 電話を保留にするとき、「ちょっとお待ちください」と言う。

× 電話を保留にするとき、「しばらくお待ちください」と言う。

× 保留後、なんの挨拶もなく、用件について話し始める。

× 電話を切るとき、最後の挨拶に気を配ることはない。

× 相手より早く電話を切ってしまうことがある。

× 指でフックを押して電話を切るクセがある。

Chapter 2

周囲から信頼される
電話の取り次ぎ方

若手社員が受ける電話のなかで、いちばん多いのが取り次ぎです。

上司や同僚に電話を取り次ぐときには、迅速かつ的確につなぐことが大切ですが、電話の相手や指名者へのマナーも忘れてはなりません。

そのツボを押さえておきましょう。

①
指名者を確認する

取り次ぐ先を復唱して確認する

基本
「はい、〇〇でございますね」

応用
※同姓の従業員が複数いる場合
「□□部の〇〇でしょうか？

それとも△△部の〇〇でしょうか？」

「男性の〇〇でしょうか？　女性の〇〇でしょうか？」

「〇〇は2名おりますので、
フルネームはおわかりでしょうか？」

かかってきた電話を受けたら、挨拶をして相手の名前を確認します。この流れは、すでに述べたとおりです。その後、相手から「○○さんをお願いいたします」と言われたら、電話を取り次ぐわけですが、その際に取り次ぐ先（指名者）を確認しなければなりません。「はい、○○でございますね」と指名者の名前を復唱・確認するのです。

社員が少なく、名字を聞いただけで「あぁ、○○さん」と顔が浮かぶのであれば、それで問題はないでしょう。

ところが、社内に同姓の従業員が複数いる場合は、所属部署や性別を確認することで、指名者を特定する必要があります。

「（恐れ入りますが）□□部の○○でしょうか？　それとも△△部の○○でしょうか？」

「（恐れ入りますが）男性の○○でしょうか？　女性の○○でしょうか？」

あるいは、「○○は2名おりますので、（恐れ入りますが）フルネームはおわかりでしょうか？」と素直に尋ねます。どうしても指名者がわからないときは、社内で「どちらかに○○様からですが、ご存知ですか？」と確認するといいでしょう。

● 取り次ぐ先を間違えると、思わぬ混乱を招くので注意しよう

②電話を回す

挨拶をしてから、ゆっくり保留ボタンを押す

基本

「ただいまおつなぎしますので、少々お待ちくださいませ」

「○○さん、□□社の△△様からお電話です」

「◎◎（自分の名前）です。○○さんに□□社の△△様から×番にお電話です」※内線電話でつなぐ場合

補足

※取り次がれた電話に出るときの挨拶

「お電話かわりました」

「お待たせいたしました」

電話を指名者に回すときには、電話をかけてきた相手に対して**「ただいまおつなぎしますので、少々お待ちくださいませ」と告げてから、保留にします。**

電話を保留にするときの注意点は28ページで述べたとおりですが、ひとつ付け加えると、**保留ボタンは、一呼吸おいてからゆっくり押す**のがコツです。これは、せっかちな印象を与えないための工夫です。

そして指名者に対しては、「○○さん、□□社の△△様からお電話です」と、相手の会社名と名前を正確に伝えます。内線電話でつなぐ場合は、「◎◎（自分の名前）です。○○さんに□□社の△△様から×番にお電話です」と連絡します。

もし、電話の相手から「〜の件で」などと用件を聞いていたら、それも併せて伝えます。

指名者が在席していれば、これで電話の取り次ぎは完了します。

なお、電話を取り次がれたときのマナーも紹介しておきましょう。

まず、電話に出るときには「お電話かわりました」、あるいは「お待たせいたしました」と挨拶します。そして「○○でございます」と、自分の名前を名乗るのが基本です。

●電話の取り次ぎは迅速に。ただし、あわてる必要はない

電話の受け方
電話の取り次ぎ
電話のかけ方
携帯電話
言葉づかい
トーンと話し方
トラブル対処法
クレーム対応原則
初期対応
状況把握と説明
ハードクレーム
タイプ別対処法

③
指名者が外出中

帰社予定を伝えて、その後の対応を尋ねる

基本

「○○はただいま、外出しておりまして、×時頃には戻る予定になっております。戻りしだい、こちらからお電話させていただきますが、いかがいたしましょうか？」

応用

「本日はこちらに戻らない予定になっております。明日、出社しだい……」※外出先から直接帰宅する場合

「○○は本日お休みをいただいております。×日には出社の予定ですので、出社しだい……」※会社を休んでいる場合

取り次ぎを頼まれても、指名者がすぐ電話に出られるとは限りません。

そのときは、**指名者が電話に出られない（不在の）理由を相手に伝え、その後の対応について要望を尋ねる**必要があります。

たとえば、指名者が外出中の場合は「申し訳ございません」とお詫びの言葉を述べたうえで、「○○はただいま、外出しております。×時頃には戻る予定になっております」と伝えます。そして、「戻りしだい、こちらからお電話させていただきますが、いかがいたしましょうか？」と尋ねるのが基本です。もし、指名者が外出先から直接帰宅する予定であれば、「本日はこちらに戻らない予定になっております。明日、出社しだい……」となります。ここでは、「予定」という表現を上手につかいましょう。**戻り時間や日程が変更になったとき、「予定が変わりまして」と言うことができる**からです。

なお、指名者が会社を休んでいる場合は「○○は本日お休みをいただいております。×日には出社の予定ですので、出社しだい……」という具合です。ここで注意したいのは、**指名者の外出先や休んでいる理由などをむやみにもらさない**ということです。

●指名者の不在をお詫びする気持ちが、ていねいな対応につながる

④ 指名者が離席中

「席をはずしている」で、たいてい通用する

基本

「○○はただいま、席をはずしておりまして、×時頃には戻ってくる予定になっております。戻りしだい、こちらからお電話させていただきますが、いかがいたしましょうか？」

補足

※指名者がほかの電話に出ていたら

「○○はただいま、ほかの電話に出ております。終わりしだい、こちらからお電話させていただきますが、いかがいたしましょうか？」

指名者が社内にいても、接客や会議、あるいはトイレなどで姿が見えず、電話を取り次げないことがあります。

そのような場合、「○○はただいま、席をはずしております」と伝えるのが無難です。「接客中」「会議中」などと伝えると、「こちらの用件のほうが重要（緊急）だ」と不快にさせる可能性があるからです。また、指名者をいちいち探し回る必要もありません。

ただし、会議や接客の終了時刻がわかっているなら、その予定を相手に伝えるのが礼儀です。「申し訳ございません」と、指名者の不在をお詫びしたうえで「○○はただいま席をはずしておりまして、×時頃には戻る予定になっております。戻りしだい、こちらからお電話させていただきますが、いかがいたしましょうか？」と尋ねます。

もし、トイレなどですぐに戻ってくるようなら「まもなく戻る予定です。戻りしだい……」と言えばいいでしょう。

なお、指名者がほかの電話に出ている場合は、「○○はただいま、ほかの電話に出ております。終わりしだい……」という具合になります。

●これも定番フレーズ。上手につかいこなそう

電話の受け方
電話の取り次ぎ
電話のかけ方
携帯電話
言葉づかい
トーンと話し方
トラブル対処法
クレーム対応原則
初期対応
状況把握と説明
ハードクレーム
タイプ別対処法

⑤ 折り返しを取り次ぐ

電話番号を確認して名前を名乗る

基本

「恐れ入りますが、ご連絡先のお電話番号をお願いいいたします」

「復唱させていただきます。××－××××－××××（電話番号）□□社の〇〇様でございますね」

「それでは〇〇が戻りしだい、申し伝えます。私、◎◎が承りました」

秘訣

「〇〇は×時頃に戻る予定になっておりますが、ご都合のよろしい時間をお聞かせいただけますでしょうか？」

電話の受け方
電話の取り次ぎ
電話のかけ方
携帯電話
言葉づかい
トーンと話し方
トラブル対処法
クレーム対応原則
初期対応
状況把握と説明
ハードクレーム
タイプ別対処法

指名者の不在を伝えたところ、相手から「折り返し電話をしてほしい」と言われた場合は、**必ず相手の電話番号を確認しなければなりません**。

「はい、かしこまりました」と返事をしてから、「恐れ入りますが、ご連絡先のお電話番号をお願いいたします」と尋ねます。

その際、**復唱を忘れない**ようにします。「復唱させていただきます。××－××××－×××× (電話番号)、□□社の○○様でございますね」と、しっかり確認しましょう。

そのうえで、**相手の都合がいい時間帯を聞いておく**と親切です。

「○○は×時頃に戻る予定になっておりますが、ご都合のよろしい時間をお聞かせいただけますでしょうか？」

こうした心づかいは、電話の相手にとっても、指名者にとってもありがたいものです。

そして最後に、**自分の名前を名乗ってください**。そうすることで、相手は安心するはずです。「それでは○○が戻りしだい、申し伝えます。私、◎◎が承りました」と名乗り、「失礼しました」と挨拶してから電話を切ります。

●折り返し電話を頼まれるのは緊急の用件。落ち着いて対応しよう

⑥ 伝言を受ける

自分で用件を聞いたら伝言メモを残す

基本

※用件を尋ねる前に

「私、□□部の◎◎と申します」

「私でよろしければ、ご用件を承りますが、いかがいたしましょうか？」

※用件を聞き終えたら

「〇〇が戻りしだい、申し伝えます」

「私、◎◎が承りました。失礼いたします」

電話の取り次ぎでは「○○（指名者）が戻りしだい、こちらからお電話させていただきますが、いかがいたしましょうか？」と相手に尋ねることは多いのですが、相手の態度がなかなか決まらないケースもあります。

そのような場合は、**あなた自身が指名者にかわって用件を聞いてしまう**のも方法です。

ただし、「どのようなご用件でしょうか？」という事務的な言い方は相手に失礼です。

「私、□□部の◎◎と申します」と、はっきり自分の名前を名乗ったうえで、「私でよろしければ、ご用件を承りますが、いかがいたしましょうか？」と提案するのが礼儀です。

そして、相手が用件を切り出したら、すかさず伝言メモをとります。**利き手でメモできるように、受話器は逆の手で握ります**。その際、5W3H（Who When Where What Why How to How many How much）で用件を整理するよう努めましょう（154ページ参照）。

用件を聞き終えたら復唱・確認して、「○○が戻りしだい、申し伝えます」と告げます。

最後に「私、◎◎が承りました。失礼いたします」と**再度、名前を名乗ってから電話を切ってください**。

● 伝言を受けるときも、自分の名前を名乗って挨拶する

ここが盲点！

電話のマナー「やってはいけない！」チェックシート

Chapter 2　電話の取り次ぎ

あなたは、こんなことをしていませんか？

- ✕ 電話を取り次ぐとき、わざわざ指名者の名前は復唱しない。
- ✕ 指名者を確認しないため、取り次ぐ先を間違えることがある。
- ✕ 電話を指名者に回すとき、電話の相手に挨拶することはない。
- ✕ 相手を確認するのに「どちら様でしょうか？」と尋ねる
- ✕ 電話を指名者に回すとき、あわてて保留ボタンを押してしまうことがある。
- ✕ 指名者が外出中だと、「×時頃には戻ると思います」と伝える。
- ✕ 指名者が会社を休んでいるとき、その理由を相手に説明する。
- ✕ 指名者が接客や会議で電話に出られないとき、「ただいま接客中です」「ただいま会議中です」と伝える。
- ✕ 折り返し電話を頼まれたら「かしこまりました」と言って電話を切る。
- ✕ 折り返し電話を頼まれたとき、相手の電話番号を確認しないことがある。
- ✕ 折り返し電話や伝言を頼まれたとき、自分の名前はとくに名乗らない。
- ✕ 指名者が不在のとき、電話の相手に「どのようなご用件でしょうか？」と事務的に尋ねている。
- ✕ 伝言を頼まれたとき、あわててメモ用紙を探すことがある。

Chapter 3

相手に好印象を与える

電話のかけ方

電話のかけ方と受け方は“表裏一体”。相手の気持ちを考えて、失礼のないように対応する点では同じです。

しかし、電話をかけるときには、こちらがリードしなければならないのも事実。

そのコツを紹介しましょう。

定番フレーズに気配りの言葉を添える

①取り次ぎを頼む

基本

「いつもお世話になっております。
私、□□社の◎◎と申します。恐れ入りますが、
△△部の○○様はいらっしゃいますでしょうか？」

応用

「お忙しいところ恐れ入ります」※呼び出し音が3回以上鳴ったら

※相手から「お電話ありがとうございます」と言われたら
「こちらこそ、いつもありがとうございます」

※相手から「少々お待ちくださいませ」と言われたら
「はい、お願いいたします」

電話の受け方
電話の取り次ぎ
電話のかけ方
携帯電話
言葉づかい
トーンと話し方
トラブル対処法
クレーム対応原則
初期対応
状況把握と説明
ハードクレーム
タイプ別対処法

こちらから電話をかけ、相手が電話口に出たら、まずは「いつもお世話になっております」と挨拶するのが基本です。このとき、午前11時頃までなら「おはようございます」と言ってもいいでしょう。こうした挨拶のしかたは、電話を受けるときと同じです。

また、呼び出し音が3回以上鳴ってから相手が出たときは、**「お忙しいところ恐れ入ります」という言葉から始めてもいい**でしょう。

さらに、相手から「お電話ありがとうございます」と言われたら、**「こちらこそ、いつもありがとうございます」と言葉を返す**のが礼儀です。

挨拶が終わったら、「私、□□社の◎◎と申します」と名乗ったうえで、「恐れ入りますが、△△部の○○様はいらっしゃいますでしょうか？」と取り次ぎを頼みます。あるいは、**「△△部の○○様をお願いできますでしょうか？」でもOK**です。

ここで、相手から「少々お待ちくださいませ」と言われたら、**黙ったまま待つのではなく、「はい、お願いいたします」と返事をする**といいでしょう。

こうしたちょっとした気配りによって、相手に好印象を与えることができます。

● 誰が電話に出ても、ていねいに挨拶することが大切！

② 指名者と話す

用件について話し出す前に相手の都合を尋ねる

基本

「□□社の○○でございます。いつもお世話になっております。
〜の件でご連絡いたしました。
いま、お時間よろしいでしょうか？」

※相手から「大丈夫です」と承諾を得た後で

「はい、ありがとうございます」

応用

※相手が忙しそうなら

「お忙しいようでしたら、のちほどおかけいたしますが、
何時頃にお電話すればよろしいでしょうか？」

指名者に取り次がれて、その人が電話に出たら「□□社の〇〇でございます。いつもお世話になっております」と、**再び名乗りと挨拶をします**。

このとき、相手から「いつもお世話になっております」と言われたら、**「こちらこそ、いつもお世話になっております」と、しっかり答えます**。

そのうえで、**「先日はありがとうございました」「～の件ではお世話になりました」「ご無沙汰しております」「申し訳ございません」などと、お礼やお詫びを兼ねた挨拶を加える**と親近感をもたれます。

そして、「～の件でご連絡いたしました。いま、お時間よろしいでしょうか？」と**相手の都合を確認する一言が必要**です。

ここで「大丈夫です」と言われたら、「はい、ありがとうございます」としっかりお礼を述べましょう。もし、相手が忙しそうであれば、「お忙しいようでしたら、のちほどおかけいたしますが、何時頃にお電話すればよろしいでしょうか？」とあらためて尋ねます。

また、話を始めるときには、**用件の概要を先に伝える**と、話がスムーズに進みます。

●用件ばかりに気をとられず、相手の状況に配慮することが大切！

③ 指名者が不在(1)

相手が不在なら、かけ直すのが原則

基本

「恐れ入りますが、何時にお戻りになるか、うかがってもよろしいでしょうか?」

「それでは×時頃にこちらからお電話いたしますので、その旨お伝えいただけますでしょうか?」

応用

※折り返し電話を提案された場合

「お気づかいありがとうございます。それでは申し訳ございませんので、またこちらからお電話させていただきます」

電話の受け方
電話の取り次ぎ
電話のかけ方
携帯電話
言葉づかい
トーンと話し方
トラブル対処法
クレーム対応原則
初期対応
状況把握と説明
ハードクレーム
タイプ別対処法

電話をかけても、指名者が不在だったり、電話に出られないことがあります。

その場合は、「恐れ入りますが、何時にお戻りになるか、うかがってもよろしいでしょうか？」と尋ねたうえで、「それでは×時頃にこちらからお電話いたしますので、その旨お伝えいただけますでしょうか？」と、こちらからかけ直すことを伝えます。かけ直す時刻は、**指名者が戻ってくる時刻の30分後くらいを目安にする**といいでしょう。

電話口の相手から「戻りしだい、こちらからお電話させていただきます」と、**折り返し電話を提案されることもありますが、ていねいに辞退するのが原則**です。

「お気づかいありがとうございます。それでは申し訳ございませんので、またこちらからお電話させていただきます」と答えます。

ただし、指名者がいつ戻るのかわからなかったり、折り返し電話をしたいと強く言われた場合は**「それでは恐れ入りますが、よろしくお願いいたします」**と申し出に従います。

また、急用の場合は、**「恐れ入りますが、ご伝言をお願いしてもよろしいでしょうか？」**と言って、伝言を頼んでもいいでしょう。

●電話をかけたのはこちら。相手に負担をかけないようにしよう

④
指名者が不在(2)

2回目以降の電話では、そのことをはじめに告げる

基本

「恐れ入ります。先ほどお電話をさせていただきました□□社の○○でございます。何度も申し訳ございません(何度もお手数をおかけします)。恐れ入りますが、△△様はお戻りになりましたでしょうか?」

補足

※折り返し電話の提案を受ける場合

「たいへんお手数をおかけいたしますが、そのようにお願いできますでしょうか?」

指名者の不在などで、再び電話をかけるときは、取り次ぎの頼み方を工夫しましょう。「恐れ入ります。先ほどお電話をさせていただきました□□社の○○でございます」と、**2回目以降の電話であることを伝えておく**と、スムーズに取り次いでもらえます。

そして、「何度も申し訳ございません」「何度もお手数をおかけします」などと、**取り次ぎの手間に対するお詫び**の気持ちをしっかり伝えます。

そして、「恐れ入りますが、△△様はお戻りになりましたでしょうか？」と、取り次ぎを依頼します。

ここで、指名者がまだ戻ってきていない場合は、**あらためて指名者が戻る時刻を尋ねるとともに、かける時刻を伝えます**。

3回目に電話しても指名者が不在の場合は、**相手からの折り返し電話を待ってもいい**でしょう。相手から「戻りしだい、こちらお電話させていただきます」と言われたら、「たいへんお手数をおかけいたしますが、そのようにお願いできますでしょうか？」と答えるとていねいです。

●1回目の電話に出た人ではなくても話が通じやすいようにする

⑤ 問い合わせの電話

担当者がわからなくても、ていねいに用件を切り出す

基本

「お忙しいところ恐れ入ります」

「突然のお電話で失礼いたします」

「～についておうかがいしたいのですが、ご担当の方《かた》をお願いできますでしょうか？」

「さっそくですが、本日は～についておうかがいしたいことがございましてお電話いたしました」

「いま、お時間よろしいでしょうか？」

面識のない人に電話をかけなければならないこともあります。たとえば、問い合わせの電話をかけることは珍しくありません。その場合は、ステップを踏んで話せば安心です。

まず、冒頭の挨拶。「いつもお世話になっております」というフレーズは、面識の有無に関わらず間違いではありません（22ページ参照）。ただ、それに「お忙しいところ恐れ入ります」「突然のお電話で失礼いたします」などと、**ていねいな言葉を添える**のがコツです。

そのうえで、自分の名前を名乗って取り次ぎを頼みますが、担当者の名前がわからないかもしれません。その場合、**「ご担当の方《かた》」という呼称をつかえば、適切な人につないでもらえる**はずです。つまり、「〜についておうかがいしたいのですが、ご担当の方をお願いできますでしょうか？」という表現です。

担当者が電話に出たら、再び挨拶をしてから「さっそくですが、本日は〜についておうかがいしたいことがございましてお電話いたしました」と、**用件の概要を伝えます**。そして、「いま、お時間よろしいでしょうか？」と**相手の都合を尋ねてから、用件を切り出す**ようにします。

● 挨拶から用件の切り出し方まで、会話の流れを理解しておこう

⑥ アポとりの電話

面会の約束は期間を区切ってスムーズにとりつける

基本

「お忙しいところ申し訳ございません。
～について打ち合わせをさせていただきたいのですが、
来週中にお時間をいただけますでしょうか？」

※こちらの都合が悪い日をあらかじめことわっておく

「恐れ入りますが、×月×日以外でご都合のよい日を
教えていただけませんでしょうか？」

応用

※候補日を3つぐらいに絞って提案する

「×月の×日、×日、×日のいずれかではいかがでしょうか？」

電話で面会などの約束をとりつける――アポイントをとる――ことも日常的な仕事です。その際、できるだけスムーズに話をまとめるには、相手の都合を考えながら、ある程度、**期間を区切って提案する**のがコツです。

「お忙しいところ申し訳ございません。～について打ち合わせをさせていただきたいのですが、来週中にお時間をいただけますでしょうか？」といった言い方になります。もちろん、「今月中」「×月×日から×月×日までの間で」などでもOKです。

また、**こちらの都合が悪い日をあらかじめことわっておいてもいい**でしょう。

「恐れ入りますが、×月×日以外でご都合のよい日を教えていただけませんでしょうか？」といった言い方です。もし、相手から「いつでもいい」と言われたら、**候補日を3つぐらいに絞ってこちらから提案する**のも親切です。「×月の×日、×日、×日のいずれかではいかがでしょうか？」などと言います。**「……ですと助かります」といった言い方も、へりくだった印象**で親近感も生まれます。なお、日時が決まったら、面会の場所を確認するとともに、同行者がいる場合はその旨も伝えておきましょう。

●用件を簡潔に伝えるのが原則。アポとりも効率よくしよう

電話の受け方
電話の取り次ぎ
電話のかけ方
携帯電話
言葉づかい
トーンと話し方
トラブル対処法
クレーム対応原則
初期対応
状況把握と説明
ハードクレーム
タイプ別対処法

⑦ 留守電にかける

留守番電話につながったらメッセージを残す

基本

「□□社様のお電話でしょうか?」

「私、□□社の○○と申します。いつもお世話になっております。

本日は~の件で○○様にお電話をいたしました」

応用

「また×時頃にお電話いたします」※再び電話するつもりなら

「恐れ入りますが、メッセージをお聞きになりましたら、

ご連絡をいただけますでしょうか?

電話番号は××-××××-××××です。

どうぞよろしくお願いいたします」※相手から連絡がほしいなら

電話の相手が不在で、留守番電話につながることがあります。その場合は、メッセージを残すのがマナーです。着信履歴だけでは、相手に余計な心配をさせるかもしれません。

メッセージを残すときに注意してほしいのは、**必ず相手の名前を確認する**ことです。音声案内で「□□社でございます」などと流れている場合は必要ありませんが、そうでない場合は「□□社様のお電話でしょうか？」と確かめます。

その後で「私、□□社の○○と申します。いつもお世話になっております」と挨拶してから、「本日は～の件で○○様にお電話をいたしました」と**用件と指名者を伝えます**。

そして、再び連絡するつもりなら「また×時頃にお電話いたします」と伝えます。相手から連絡がほしい場合は「恐れ入りますが、メッセージをお聞きになりましたら、ご連絡をいただけますでしょうか？　電話番号は××－××××－××××です。どうぞよろしくお願いいたします」と伝言します。その際、電話番号などは**聞き間違いのないようにゆっくり話したり、2回繰り返したりする**ことが大切です。

そして**最後に「失礼いたします」の一言を忘れない**でください。

●着信履歴が残ることを考えて相手に配慮する

ここが盲点！

電話のマナー「やってはいけない！」チェックシート

Chapter 3　電話のかけ方

あなたは、こんなことをしていませんか？

- ✕ 指名者に取り次いでもらうとき、応対者にはとくに挨拶はしない。
- ✕ 「少々お待ちくださいませ」と言われても、黙ったままでいることが多い。
- ✕ 指名者に取り次がれたら、挨拶もしないで用件を切り出す。
- ✕ 指名者が不在の場合、当たり前のように折り返し電話をお願いする。
- ✕ 指名者が不在で戻り時間を尋ねるとき、応対者への礼儀を忘れている。
- ✕ 指名者となかなか連絡がつかないとき、イライラして応対者に無愛想な言い方をすることがある。
- ✕ 指名者となかなか連絡がつかないとき、応対者の取り次ぎの手間については考えたことがない。
- ✕ 問い合わせの電話をかけるとき、相手と面識がないのでとくに挨拶はしない。
- ✕ 面会などの約束をとりつけるとき、要領よく話をまとめることができない。
- ✕ 留守番電話につながったとき、すぐに電話を切ってしまう。
- ✕ 留守番電話にメッセージを残しても、最後の挨拶を忘れてしまうことがある。

Chapter 4

便利だからこそ要注意！

携帯電話のマナー

いまや携帯電話は、ビジネスシーンでも頻繁につかわれています。とくに外回りの多い営業職などにとっては必須のツールでしょう。

しかし、つい“プライベートモード”でつかってしまい、マナー違反になっていることも少なくありません。

① 携帯にかける(1)

「タイミング」「相手の確認」「相手の都合」に注意を払う

基本

「お世話になっております。△△社の◎◎でございます」

「□□社の○○様でいらっしゃいますか？」

「いま、お話ししてもよろしいでしょうか？」

注意

呼び出し音が5〜8回鳴っても相手が出ないときは、いったん電話を切る

電話の受け方
電話の取り次ぎ
電話のかけ方
携帯電話
言葉づかい
トーンと話し方
トラブル対処法
クレーム対応原則
初期対応
状況把握と説明
ハードクレーム
タイプ別対処法

個人が持ち歩く携帯電話は、連絡の手段としてとても重宝します。しかし、いつでもつながるからといって、むやみに携帯電話にかけるのは禁物です。

緊急の場合を除き、**ミーティングが入ることが多い「始業後の30分間」や、バタバタしがちな「昼休みの前後」「終業時刻の間際」などは避ける**のがマナーです。これは、会社に電話をするときも同じです。また、電話がつながったら、「お世話になっております。△△社の◎◎でございます」と名乗ります。これも、ビジネス電話のマナーどおりです。

そして、「□□社の○○様でいらっしゃいますか？」と、相手の名前を確認します。これは、**防犯上の理由から、相手が自分の名前を名乗らない**ことがあるからです。

さらに、用件を切り出す前に「いま、お話ししてもよろしいでしょうか？」と尋ねてください。**相手の都合を確かめることは、携帯電話ではとくに重要**です。

また、呼び出し音が5～8回鳴っても相手が出ないときは、いったん電話を切ります。それだけ鳴らしても応答がないということは、相手が会議中や移動中などで電話に出られない状況であることが考えられるからです。

● 便利な携帯電話だからこそ、相手への気配りが大切！

② 携帯にかける(2)

留守番電話につながったら、この要領でメッセージを残す

基本

「私、□□社△△部の◎◎と申します。
○○様のお電話でよろしいでしょうか。
いつもお世話になっております。

～の件でお電話いたしました。

また、のちほど(×時過ぎに、×時頃に)お電話させていただきます。よろしくお願いいたします。失礼いたします」

応用

※メールで用件を伝えるなら

「のちほど、メールをお送りいたしますので、ご確認いただけますでしょうか?」

●携帯電話の留守電に残すメッセージは、とくに簡潔にする

相手の携帯電話にかけて、留守番電話につながった場合は、会社の固定電話と同様にメッセージを残します。その際、**用件は短めにして、いっそう簡潔さを心がけてください。**

具体的には、**自分の会社名・部署・名前を名乗り、相手の確認・挨拶**をします。そのうえで、「～の件でお電話いたしました」などと**用件を簡潔に伝えます。**

そして、「また、のちほどお電話いたします」「メールをお送りいたしますので、ご確認いただけますでしょうか？」などと、**その後の対応を述べて、挨拶で締めくくります。**

たとえば、「私、□□社△△部の◎◎と申します。〇〇様のお電話でよろしいでしょうか。いつもお世話になっております。～の件でお電話いたしました。また、のちほど（×時過ぎに、×時頃に）お電話させていただきます。よろしくお願いいたします。失礼いたします」という具合です。

携帯電話は相手と直接、すぐに話ができるということから、気軽に電話をかける人を見かけますが、ビジネスでは話す内容をあらかじめ整理しておくことが必要です。そうしないと、メッセージを要領よく残すこともできません。

電話の受け方
電話の取り次ぎ
電話のかけ方
携帯電話
言葉づかい
トーンと話し方
トラブル対処法
クレーム対応原則
初期対応
状況把握と説明
ハードクレーム
タイプ別対処法

③ 携帯からかける

用件を切り出す前に周囲の状況を確かめる

基本

「ただいま聞きとりにくい場所におりますので、×分後にこちらからお電話してもよろしいでしょうか？

※周囲が騒がしくなったり、自分の携帯電話にかかってきたとき

「外出先から失礼いたします。聞きとりにくいようでしたら申し訳ございません」

※携帯電話であることを伝え、前もって聞きとりにくいことをお詫びする

注意

詳細にメモすべき内容があった場合、あとで内容確認のメールを送る

電話の受け方
電話の取り次ぎ
電話のかけ方
携帯電話
言葉づかい
トーンと話し方
トラブル対処法
クレーム対応原則
初期対応
状況把握と説明
ハードクレーム
タイプ別対処法

いうまでもなく、携帯電話はどこからでもかけることができます。しかし、騒がしい場所からかけるのは相手に失礼です。もし、周囲が騒がしくなったら、「ただいま聞きとりにくい場所におりますので、×分後にこちらからお電話してもよろしいでしょうか？」と折り返し電話を申し出ます。これは、あなたの携帯電話にかかってきたときも同様です。

また、歩きながらの通話はまわりの歩行者に迷惑であるだけでなく、電波が不安定になるのでやめてください。息づかいが乱れたり、足音などの雑音が入ったりして、相手を不快にさせることもあります。**電波の届きやすい場所で、立ち止まって電話をかけましょう。**

しかし、いくら気をつけていても、急に電波の状態が悪くなることもあります。

そこで「外出先から失礼いたします」と携帯電話からかけていることを伝え、「聞きとりにくいようでしたら申し訳ございません」と前もってお詫びしておくとていねいです。

さらに、ビジネス電話でメモは必須アイテムです。携帯電話からかけるときも例外ではありません。できるだけ**メモができるようにしておきましょう。**そして、会話のなかで詳細にメモすべき内容があった場合、あとで内容確認のメールを送るようにします。

●携帯電話でも、ビジネスマナーと段取りを考えて話そう

④ 携帯に取り次ぐ

指名者本人からの折り返し電話で対応する

基本

「もしお急ぎでしたら、携帯電話に連絡をとりまして、折り返しさせていただきます」

「恐れ入りますが、◎◎には私のほうから連絡をとりまして、○○様に至急お電話するよう申し伝えます」

応用

※より親切な応対として言葉を加える

「もし、つながらないようなことがございましたら、その旨、ご連絡させていただきます」

電話の受け方
電話の取り次ぎ
電話のかけ方
携帯電話
言葉づかい
トーンと話し方
トラブル対処法
クレーム対応原則
初期対応
状況把握と説明
ハードクレーム
タイプ別対処法

最近は、緊急の電話がかかってきて指名者が外出中の場合、携帯電話に取り次ぐことが多くなっています。その際は、「もしお急ぎでしたら、携帯電話に連絡をとりまして、折り返しさせていただきます」と申し出ます。

また、取引先などからの電話で、同僚や上司などの携帯電話の番号を尋ねられることがあります。その場合は、基本的に**携帯番号は伝えず、折り返し電話で対応**します。

「恐れ入りますが、◎◎には私のほうから連絡をとりまして、○○様に至急お電話するよう申し伝えます。もし、つながらないようなことがございましたら、その旨、ご連絡させていただきます」

相手には、「すぐに折り返し電話をくれなかったらどうしよう」という不安があるので、**指名者と連絡がつながらなかった場合の対応を伝えておく**とより親切です。

なお、営業部門などでは、事前に携帯番号を教えてくれていて「取引先から直接かけてもらってください」と上司や同僚から頼まれているケースもあります。この場合は、例外的に携帯番号を相手に伝えても構いません。

●急用で携帯電話は便利。ただし、携帯番号は教えないのが基本

⑤ 携帯で受ける

会議・商談では電源オフ、休日は会社の規定・慣習に従う

基本

会議・商談では電源オフ　※緊急の電話がある場合はマナーモード可

業務時間外では仕事の電話に出なくてもいい

応用

※個人の携帯電話へ休日にかかってきた場合

①1回目は出ない。2回鳴ったら出る（緊急性が高いと判断）

②「いま、電話に出られない」旨をメールで返信し、用件を確認したうえで、緊急なら電話をかける

※会社支給の携帯電話

携帯を自宅に持ち帰らない。持ち帰っても電源オフ

電話の受け方
電話の取り次ぎ
電話のかけ方
携帯電話
言葉づかい
トーンと話し方
トラブル対処法
クレーム対応原則
初期対応
状況把握と説明
ハードクレーム
タイプ別対処法

重要な会議や商談の最中、携帯電話に電話がかかってくることがあります。しかし基本的に、電源オフがマナー。静かな場所では、マナーモードも響くからです。ただし、本当に緊急の場合で、大切な電話がかかってくる可能性があるときは、その旨を相手に事前に伝えてマナーモードにしておくケースもあります。上司と相談して判断しましょう。

休日にかかってきた仕事の電話への対応については、法律的にも業務時間外で仕事の電話に出る義務はないというのが前提です。また、一度出てしまうと「彼（彼女）は休みでも使える」と、便利がられてしまうこともあります。ただ、会社の慣習として、休日でも電話に出ることになっているかもしれません。先輩・上司に確認しておきましょう。

営業職などでは、緊急の用件も少なくありません。そこで個人の携帯の場合は「1回目は出ない。2回鳴ったら、緊急性が高いと判断して電話に出る」「いま、電話に出られない旨をメールで返信し、用件を確認。そのうえで緊急であれば、電話をかける」という対応が考えられます。また、会社支給の携帯の場合は、持ち帰らないのが原則。間違って持ち帰っても電源オフにします。これも会社の規定・慣習があるはずです。

● 携帯電話の使い方にもメリハリが大切。上司・先輩に相談しておく

⑥ 連絡先を選ぶ

事前に「会社か？ 携帯か？」を聞いておく

基本

「お電話は、会社と携帯電話のどちらにおかけしたほうがよろしいですか？」

※「携帯電話に」と言われた ↓ 緊急でなくても、携帯電話にかける場合もある

※「会社に」と言われた ↓ 緊急でも、まずは会社にかける

応用

「携帯の番号を存じ上げているのですが、直接おかけしてもよろしいでしょうか？」 ※相手が不在の場合

電話の受け方
電話の取り次ぎ
電話のかけ方
携帯電話
言葉づかい
トーンと話し方
トラブル対処法
クレーム対応原則
初期対応
状況把握と説明
ハードクレーム
タイプ別対処法

最近は、名刺に携帯番号が記載されることも多くなりました。そこで**名刺交換の際に、会社にかけたほうがいいのか、携帯電話のほうがいいのかを尋ねます。**

「お電話は、会社と携帯電話のどちらにおかけしたほうがよろしいですか？」

相手から「携帯にお願いします」と言われた場合は、緊急でなくても携帯電話にかけたほうがいいのか、併せて確認します。

反対に「会社にお願いします」と言われたら、緊急の用件であっても、まずは会社に電話をかけるのがマナーです。そのうえで、もし本人が不在なら、「携帯の番号を存じ上げているのですが、直接おかけしてもよろしいでしょうか？」と電話応対者に尋ねて、ＯＫであれば直接、携帯電話にかけます。電話応対者からはっきりした返事がなく、**判断がつかない場合は「伝言」「折り返し電話」など、通常の流れに沿って対応します。**


なお、名刺交換の場で「会社か？　携帯か？」を聞き忘れたときは、まず会社に電話をかけます。そして**用件をすませた後で、今後はどちらにかけたほうがいいのかを尋ねる**といいでしょう。

● 携帯電話をメインの連絡先にしている人も多い。事前確認が必要

ここが盲点！

電話のマナー「やってはいけない！」チェックシート

Chapter 4　携帯電話

あなたは、こんなことをしていませんか？

✕ いつでも話せる携帯電話だから、時間をあまりに気にせず電話をかけている。

✕ 携帯電話には本人が電話に出るので、相手を確認するようなことはしない。

✕ 携帯電話にかけるとき、相手の都合を尋ねることはしない。

✕ 呼び出し音が何回鳴っていても、応答があるまで待っている。

✕ 留守番電話につながると、焦ってしまって要領よくメッセージを残せない。

✕ 周囲が騒がしくなっても、そのまま通話を続けている。

✕ 歩きながら携帯電話をかけることがある。

✕ 携帯電話からかけるときは、とくにメモの用意をしていない。

✕ 話した内容について、相手と食い違うことがよくある。

✕ 上司や同僚の携帯電話に取り次ぐとき、携帯電話の番号を電話の相手に教えている。

✕ 会議中は電源オフにはせず、マナーモードのままにしておく。

✕ 休日に携帯電話に電話がかかってきたときは、そのときの気分で電話に出たり、出なかったりしている。

✕ 取引先の担当者の名刺に掲載された携帯電話番号に、電話をかけていいのかどうかわからない。

PART 2

ワンランク上の電話トーク術

PART1では、電話応対の流れに沿って、基本的なルールとマナーについて説明しました。

そこでPART2では一歩踏み込んで、電話の相手とどのような話し方をすればいいのか、トーク術を中心に解説します。

「言葉づかい」から「トーンと話し方」、さらに予想外の事態に陥ったときの「トラブル対処法」まで、ライバルとちょっと差をつけたい人に読んでいただきたい内容です。

きっと、取引先や会社の上司・同僚から頼りにされる存在になれるでしょう。

Chapter 1

ここで差がつく

敬語と言葉づかい

電話応対で大きく差がつくのは、なんといっても言葉づかい。敬語をつかいこなせている人は多くありませんが、言い換えれば、正しい敬語を身につければ一歩抜きん出ることができます。また、敬語とは別に「感じのいい話し方」もあります。ぜひ、マスターしてください。

① 尊敬語と謙譲語

尊敬語と謙譲語のつかい分けは「主語」で判断する

基本

【尊敬語】

「相手」の動作・状態などを高めて、敬意を示す

【謙譲語】

「自分」の動作・状態などをへりくだって、敬意を示す

応用

複数の表現形式のなかで「敬度」に差がある

最も敬度が高いのは「特定の言葉に言い換える」形式

「さ入れ言葉」に注意する

敬語は、「尊敬語」「謙譲語」「丁寧語《ていねいご》」「美化語」の4つに大きく分類されます。

まず、尊敬語と謙譲語について解説しましょう。

尊敬語は、相手の動作・状態などを「高める」ことで敬意を示す表現です。したがって、主語は必ず相手や相手に関することになります。

尊敬語の表現形式には、次のように3つのパターンがあります。

①動詞＋「れる」「られる」

たとえば、「会う」→「会われる」、「帰る」→「帰られる」となります。

②お（ご）＋「～になる」「～なさる」

たとえば、「話す」→「お話しになる」「お話しなさる」、「調べる」→「お調べになる」「お調べなさる」となります。

③特定の言葉に言い換える

たとえば、「食べる」→「召し上がる」、「言う」→「おっしゃる」、「見る」→「ご覧になる」、「行く」→「いらっしゃる」などです。こうした言い換えは、すべての動詞に適用できるものではありません。

ここで気をつけなければならないのは、1つの言葉に対して複数の表現形式があることです。たとえば、「食べる」なら、①「食べられる」、②「お食べになる」、③「召し上がる」という3つの言い方ができますが、**敬意の度合い（敬度）に違い**があります。つまり、①→②→③の順で敬度が上がっていくのです。したがって、相手によってつかい分けることもできます。

尊敬語・謙譲語をマスターするための秘訣

謙譲語は、自分や身内の動作・状態などを「へりくだる」ことで、相手に敬意を示す表現です。したがって、主語は自分や身内、あるいは自分や身内に関することになります。謙譲語の表現形式には、次のように4つのパターンがあります。

①お（ご）＋「～する」

たとえば、「作る」→「お作りする」、「連絡する」→「ご連絡する」となります。

②お（ご）＋「～いたす」

たとえば、「作る」→「お作りいたす」、「連絡する」→「ご連絡いたす」となります。

③動詞＋「（さ）せていただく」

たとえば、「作る」→「作らせていただく」、「連絡する」→「連絡させていただく」となります。

ここで注意してほしいのは、「さ入れ言葉」の濫用です。たとえば、「言う」を「言わさせていただく」と表現する人がいますが、正しくは「言わせていただく」です。**「さ」が入るのか入らないのか迷ったら、「さ」を取り払ってみてください**。それで違和感がなければ、「さ」を入れる必要がないということです。

④特定の言葉に言い換える

たとえば、「食べる」→「いただく」、「言う」→「申す・申し上げる」、「見る」→「拝見する」、「行く」→「参る・うかがう」などです。

なお、謙譲語でも敬度に違いがあり、①→②→③→④の順に上がっていきます。

「敬語は難しい」と感じる人の多くは、尊敬語と謙譲語のつかい分けが苦手です。

しかし、**「誰がその行動をしているか？」によって判断すればいい**のです。決して難しくはありません。あとは、**「言い換えができる言葉」の語彙を増やしていく**ことで、敬語はどんどん上達します。

●わかっているつもりでも誤解しているかも？　基本を見直そう

②
丁寧語と美化語

ていねいさや上品な印象を与えるベーシックな敬語

基本

【丁寧語】

語尾に「です」「ます」「ございます」をつける

※「ございます」は敬度が高い

【美化語】

名詞に「お」「ご」をつける

※和語には「お」、漢語には「ご」をつけるのが原則

応用

「漢語」をつかうと、かしこまった印象を与える

「和語」をつかうと、柔らかい印象を与える

丁寧語は、語尾に「です」「ます」「ございます」をつけて、**会話全体の印象をていねいに表す**ものです。たとえば、「会議中だ（である）」→「会議中です」「会議中でございます」、「会議をしている」→「会議をしています」という具合です。こうして比較すればわかるように、「ございます」は「です」よりも敬度が高くなります。

一方、美化語は主に名詞の頭に「お」や「ご」をつけて、**上品な印象を与える**表現です。たとえば、「お名前」「お住まい」「お知らせ」、「ご氏名」「ご住所」「ご通知」といった具合です。基本的に和語（訓読み）には「お」、漢語（音読み）には「ご」をつけます。

ただし、「お電話」「お時間」「お約束」などというように、例外も少なくありません。

また、外来語（コーヒー、バッグなど）や公共的な施設（病院、会社など）、動植物（猫、桜など）、マイナスイメージをもつ言葉（事故、失業など）は美化語になりません。

また、ぜひ覚えておいてほしいのは、話し言葉で漢語をつかうと、かしこまった印象を与え、和語だとそれが柔らかくなるということです。**相手との距離を縮めたいときには和語、クレーム対応などでは漢語というように、和語と漢語をつかい分ける**のが理想的です。

● 尊敬語や謙譲語よりわかりやすい。敬語が苦手ならここから！

③ ビジネス慣用表現

「ビジネス用語」と「改まり語」を覚えておく

基本

【ビジネス用語】

「かしこまりました」「いかがでしょうか？」　など

※88ページの一覧を参照

【改まり語】

「こちら」「のちほど」「少々」　など

※89ページの一覧を参照

先に述べた4種類の敬語のほかに、電話応対ではビジネス特有の表現を覚えておく必要があります。ＰＡＲＴ１でも頻出していますが、ここで整理しておきましょう。

たとえば、相手からの依頼を承諾したときは、「わかりました」ではなく「かしこまりました」、相手に状況を尋ねるときは「どうですか？」ではなく、「いかがでしょうか？」と言うのが正解です。これらは、**慣用表現として定着している**「ビジネス用語」です。

また、「改まり語」と呼ばれるものもあります。これは文字どおり、**改まった響きを感じさせる**言葉です。たとえば、「こっち」→「こちら」、「あとで」→「のちほど」、「ちょっと」→「少々」と言い換えることで、ビジネスシーンに似つかわしい表現になります。

こうした表現は、敬語を引き立てる効果があります。言い方を換えれば、こうした表現にしていないと、文法的に正しい敬語をつかっていても、相手に敬意やていねいさは伝わりません。

もし、年配のお客様からの電話で「わかりました。それではあとで折り返しお電話します」と言ったら、あなたの評価はイマイチでしょう。

●身につけた敬語を台無しにしないために、しっかりマスターしよう

代表的なビジネス用語

ごめんなさい／すみません(お詫び)
→ **申し訳ありません／申し訳ございません**

どうも／すみません(感謝)
→ **ありがとうございます**

わかりました／了解しました
→ **かしこまりました／承知いたしました**

いま見てきます
→ **ただいま確認して参ります**

ちょっと待ってください
→ **少々お待ちください(ませ)**

わかりません
→ **わかりかねます**

申し訳ないです／悪いですね
→ **恐れ入ります**

どうですか？
→ **いかがでしょうか？**

なんの用ですか？
→ **ご用件をおうかがいしてもよろしいでしょうか？**

同行させてください
→ **ご一緒させていただけますか？**

代表的な改まり語

きょう(今日)	→	本日
あした(明日)	→	あす／みょうにち
きのう(昨日)	→	さくじつ
あさって(明後日)	→	みょうごにち
おととい(一昨日)	→	いっさくじつ
今年	→	本年
去年	→	昨年(さくねん)
おととし(一昨年)	→	いっさくねん
ゆうべ	→	昨夜
いま	→	ただいま
こんど	→	このたび／次回
このあいだ	→	先日
さっき	→	さきほど
すぐに	→	ただちに、さっそく
あとで	→	のちほど
前に	→	以前に
前から	→	かねてより
こっち	→	こちら
そっち	→	そちら
あっち	→	あちら
どっち	→	どちら
だれ(誰)	→	どちら様
どこ	→	どちら
どう	→	いかが
本当に	→	誠に
ちょっと	→	少々
とても	→	たいへん
すごく	→	非常に
どのくらい	→	いかほど
だから	→	つきましては

④クッション言葉

一言前置きすれば言いにくいことも伝えやすい

基本

【お願いするとき】

「恐れ入りますが……」

「お手数をおかけいたしますが……」　など

【お断りするとき】

「申し訳ございませんが……」

「あいにくではございますが……」　など

※代表的なクッション言葉とつかい方は92〜93ページ参照

「恐れ入りますが、ご連絡先のお電話番号をお願いいたします」
「申し訳ございませんが、私どもではすべてお断りしております」
「お手数をおかけいたしますが、そのようにお願いできますでしょうか？」
「あいにくではございますが、ご要望には沿いかねます」

これらのフレーズのなかの「恐れ入りますが」「申し訳ございませんが」「お手数をおかけいたしますが」「あいにくではございますが」という表現は、「クッション言葉」と呼ばれるものです。

クッション言葉は、相手に敬意を示しながら、言いにくいことを伝えやすくする〝魔法の言葉〟です。**クッション言葉に続くセリフがソフトになる**ので、なにかをお願いしたり、お断りしたりするときに挿入すると、相手の気分を損なわずに話を進めることができます。

クッション言葉をつかわないで、**ストレートに事実だけを伝えると、相手との関係がギクシャクする**おそれもあります。クッション言葉は、電話応対において基本用語といってもいいでしょう。

●さまざまなクッション言葉がある。状況に応じてつかい分けよう

さしつかえなければ……
個人情報を扱う場合などに便利な表現。

例「さしつかえなければ、ご住所をお聞きしてもよろしいでしょうか？」

もしよろしければ……
相手に断られてもいいような軽いお願いをするときにつかう。

例「もしよろしければ、受付でお荷物をお預かりいたします」

【お断りするときのクッション言葉】

（たいへん）申し訳ございませんが……
はじめにお詫びの言葉を述べることによって、「できない」と相手に伝えやすくする。

例「たいへん申し訳ございませんが、ご期待に沿うことはできかねます」

あいにくではございますが……
「意に添えないことをお詫びする」というニュアンスを含んでいる。

例「あいにくではございますが、サービス期間を終了いたしました」

（たいへん）残念ですが……
「本当は要求に応えたいが」というニュアンスを含んでいる。

例「たいへん残念ですが、ご要望には沿いかねます」

代表的なクッション言葉とつかい方

【お願いするときのクッション言葉】

恐れ入りますが……

クッション言葉の定番。相手に手間や面倒をかけるときに、幅広くつかうことができる。

例「恐れ入りますが、伝言をお願いしてもよろしいでしょうか？」

お手数をおかけいたしますが……

ちょっとした作業をお願いするときなど、相手に対して比較的軽い負担をかける場合につかう。

例「お手数をおかけいたしますが、申し込み用紙に必要事項をご記入いただけますでしょうか？」

ご迷惑をおかけいたしますが……

相手が迷惑を感じるようなときにつかう。たとえば、こちらの都合を伝えなければならないときなどにつかいやすい。

例「ご迷惑をおかけいたしますが、×月×日から×月×日までは休業となっております」

ご面倒をおかけいたしますが……

「迷惑をおかけいたしますが……」より重々しい印象を与える。

例「ご面倒をおかけいたしますが、ご来社の際には資料をお持ちいただけますでしょうか？」

(たいへん)失礼ですが……

聞きにくいことを尋ねるようなときに、幅広くつかうことができる。

例「たいへん失礼ですが、本日はご在宅でしょうか？」

⑤
婉曲的な話法（1）

「命令形」は「依頼形」に変換する

基本

×「～してください」※もともとは命令形「～しなさい」

⬅

①「～していただけますか？」

②「～していただけますでしょうか？」

③「～していただけませんでしょうか？」

※①→②→③の順で敬度が上がっていく

応用

クッション言葉＋依頼形

「恐れ入りますが……していただけませんでしょうか？」

「少々お待ちください」

なんらかのトラブルで苦情を申し立てている人に向かって、このような言い方をしたらどうなるでしょうか？　ムッとされるのは目に見えています。

なぜなら、このフレーズが「少し待ちなさい」という**命令形をていねいにした表現にすぎない**からです。威圧的で冷たい印象を与えるのです。

ところが、「少々お待ちいただけますか？」「少々お待ちいただけますでしょうか？」「少々お待ちいただけませんでしょうか？」と**依頼形に変換すると、印象はガラリと変わります**。さらに、**クッション言葉を加えれば、いっそうソフトな印象**になります。

「恐れ入りますが、少々お待ちいただけませんでしょうか？」

これなら、相手を不快にすることはないでしょう。

なお、**電話を保留にする際は「少々お待ちくださいませ」という表現をつかう**こともあります。これは依頼形ではありませんが、慣用句となっているので、上手につかいこなせば問題はありません。

● 一見、ていねいな表現でも、命令形では敬意を示すことはできない

⑥婉曲的な話法(2)

「否定形」は「肯定形」に変換する

基本

「できません」⬇「いたしかねます」

「わかりません」⬇「わかりかねます」

応用

クッション言葉＋肯定形＋代替案

「申し訳ございませんが、……しかねますので……」

【例】「申し訳ございませんが、私ではわかりかねますので、担当の者を呼んで参ります」

「できません」「わかりません」といった否定形で、**相手の要望などをストレートに断るのは少々乱暴**です。そこで否定形を肯定形に変換します。

たとえば、「弊社では、そのようなサービスはできません」と言うより、「弊社では、そのようなサービスはいたしかねます」と言ったほうがソフトな印象を与えます。

あるいは、「私ではわかりません」と言うより、「私ではわかりかねます」のほうがビジネスシーンでは適切です。

相手の依頼や要望を断ろうとするとき、ともすればキツい言い方になって相手の気分を害してしまいがちですが、この方法をつかいこなすことで円満な解決につながりやすくなります。また、**クッション言葉を加えると、さらにソフトな表現になります**。

ただ、肯定形であるにせよ、「できない」「わからない」と伝えるだけでは親切とはいえません。**その後のフォローとして、代替案を提示する**ように心がけましょう。

「申し訳ございませんが、私ではわかりかねますので、担当の者を呼んで参ります」

こんな話し方ができるようになれば、しめたものです。

●上手に「断れる」ようになれば、電話応対の達人まであと一歩！

⑦ 敬語のつかいすぎ

「過剰敬語」と「二重敬語」をチェックする

基本

【過剰敬語】

「いただく」の連発 ⬇ 別の表現に言い換える

「お」や「ご」のつけすぎ ⬇ 「相手の動詞」のみにつける

応用

【二重敬語】

×「おっしゃられる」 ⬇ ◎「おっしゃる」

×「ご覧になられる」 ⬇ ◎「ご覧になる」

×「いらっしゃられる」 ⬇ ◎「いらっしゃる」

言葉づかいで注意しなければならないこととして、敬語のつかいすぎもあります。

最近目立つのが、「いただきます」の連発です。たとえば、「○○はただいま、出張させていただいておりまして、明日出社させていただきます。出社しだい、こちらからお電話をさせていただきますが、いかがいたしましょうか？」は、**ひとつの文のなかに敬語を詰め込みすぎる**「過剰敬語」です。

この場合、「出張しておりまして」「出社の予定です」に表現を変えるべきです。

また、「お」や「ご」のつけすぎもよくあります。たとえば、「ご案内書をご転送いたしましたので、ご確認ください」は、「案内書を転送いたしましたので、ご確認ください」と言い換えます。修正のポイントは、「相手の動詞」のみに「お」「ご」をつけることです。

さらに、「○○様は、こうおっしゃられました」といった誤りもあります。これは、**ひとつの動詞に同じ種類の敬語を二重につかう**「二重敬語」で、文法的に誤りです。

正しくは、「○○様は、こうおっしゃいました」です。このほかにも、「ご覧になる」「いらっしゃる」なども要注意です。

●敬語のつかいすぎは、かえって耳障り。〝スッキリ敬語〟を目指そう

⑧ 言葉づかいの落とし穴

いつものログセで信用を落とすかもしれない

基本

【友だち言葉】

「……じゃないですか」「……なんですけど」※締めくくり

「やっぱり」「ちょっと」

【あいまいな表現】

「たぶん」「もしかすると」「一応」「とりあえず」

「おそらく」

【雑音のような言葉】

「えーっ」「あの〜」「えっと」「まぁ」

自分では気づかないうちに、**プライベートでしか通用しない「友だち言葉」をつかっている**ことがあります。

その典型が「……じゃないですか」「……なんですけど」という表現でフレーズを締めくくるケースです。このほかに「やっぱり」「ちょっと」という言葉にも要注意です。

また、**「あいまいな表現」もビジネスシーンには似つかわしくない**ものです。

たとえば、「たぶん」「もしかすると」「一応」「とりあえず」「おそらく」などという言葉は、自信のなさを露呈するだけでなく、相手を小馬鹿にしているような印象を与えかねません。

さらに、「えーっ」「あの～」「えっと」「まぁ」といった**「雑音のような言葉」を頻繁に発する**人も大勢います。

「声」だけのコミュニケーションである電話応対では、こうした口グセによって相手からの信用を失うこともあり得ます。口グセが気になる人は、自分の会話を録音して聞いてみることをおすすめします。意外なクセが見つかるかもしれません。

●口グセで失敗するのはもったいない。日頃から気をつけよう

ここが盲点！

電話のマナー「やってはいけない！」チェックシート

Chapter 1　言葉づかい

あなたは、こんなことをしていませんか？

- ✕ ときどき、尊敬語と謙譲語のつかい分けで頭が混乱する。
- ✕ 「さ入れ言葉」をよくつかってしまう。
- ✕ 「召し上がる」「おっしゃる」「ご覧になる」「いらっしゃる」といった尊敬語の表現形式に慣れていない。
- ✕ 「いただく」「申し上げる」「拝見する」「うかがう」といった謙譲語の表現形式に慣れていない。
- ✕ 「漢語」と「和語」のつかい分けを気にしたことがない。
- ✕ 「このたび」「ただちに」「かねてより」「いかほど」「つきましては」といった「改まり語」をつかい慣れていない。
- ✕ 「かしこました」「わかりかねます」「いかがでしょうか？」といった「ビジネス用語」をつかい慣れていない。
- ✕ 「恐れ入りますが」「お手数をおかけいたしますが」「申し訳ございませんが」といった「クッション言葉」をつかい慣れていない。
- ✕ 「〜していただけますか？」という表現でお願いすることはあまりない。
- ✕ 「〜しかねます」いう表現でお断りすることはあまりない。
- ✕ 敬語のつかいすぎや誤用でヘンな日本語になることがある。
- ✕ 耳障りなログセを注意されたことがある。

Chapter 2

好感度を上げる
声のトーンと話し方

会話は文章のように何度も推敲することができません。また、相手に与える印象は話す内容だけでなく、声のトーンや話すリズムなども大きく影響します。

そこで、ぜひ知っておいてほしい話し方のテクニックについて解説しましょう。

①
発声のしかた

声のトーンは場面によって切り替える

基本

※電話に出るとき

地声よりやや高めのトーンで電話に出る

※用件に入ったら

少しトーンを落として相手の話を真剣に聞く

注意

会話中のトーンが高すぎると落ち着かず、かえって不信感を抱かせることがある

電話の受け方
電話の取り次ぎ
電話のかけ方
携帯電話
言葉づかい
トーンと話し方
トラブル対処法
クレーム対応原則
初期対応
状況把握と説明
ハードクレーム
タイプ別対処法

「私、『声が暗い』とよく言われるのですが、どうすればいいのでしょうか?」

電話応対の研修では、しばしば受講生からこんな質問を受けます。声のトーンには、多くの人が関心をもっているようです。

「メラビアンの法則」という有名な学説があります。これによれば、人の第一印象は表情や動作、服装などの「視覚情報」によって55%が決まり、声のトーンやイントネーションなどの「聴覚情報」は38%、残りの7%が話す内容の「言語情報」によるそうです。つまり、**電話で「この人と話したいな」と相手に思わせるには声のトーンが重要**なのです。

通常、電話に出るときは、**地声よりやや高めのトーンにしたほうが相手にとって聞きとりやすく、好印象を与えます**。笑顔ならぬ、〝笑声〟で応対するのです。

しかし、相手が用件を話し始めたら、**少しトーンを落としてあいづちを打ちながら相手の話を真剣に聞いている**（傾聴の）**姿勢を示す**ことが大切です（108ページ参照）。トーンが高すぎると、かえって不信感を抱かせるおそれがあるので注意します。後述するクレーム電話では十分に気をつけてください。

●「明るく、ハキハキ」が基本。ただし、傾聴の姿勢を示すことも大切

② 会話のリズム

「声の強弱」と「話すスピード」で会話にメリハリをつける

基本

① 重要事項は 少し声を大きくして、ゆっくり話す

【例】「承知いたしました。それでは復唱させていただきます。3月3日、午前9時、第一営業部の山田部長をお訪ねいたします。その際、サンプルを5セット持参いたします」※傍線部分は声量を上げてゆっくり話す

② 相手が聞きとりやすいように句読点で区切って話す

【例】「たいへんお待たせいたしました。／ただいま確認いたしましたところ、／申し訳ございませんが、／ただいま在庫を切らしております」※斜線で区切る

電話の受け方
電話の取り次ぎ
電話のかけ方
携帯電話
言葉づかい
トーンと話し方
トラブル対処法
クレーム対応原則
初期対応
状況把握と説明
ハードクレーム
タイプ別対処法

前項で声のトーンについて述べましたが、地声の低い人が無理に甲高《かんだか》い声を出したり、過度に低い声であいづちを打ったりするのは不自然です。あくまで「地声より少し高め、少し低め」でいいのです。

このことを踏まえたうえで、会話のリズムに注意を払ってください。用件を正確に伝えなければならないビジネス電話では、**会話にメリハリをつけて、話の要点をはっきりさせる**ことが不可欠だからです。「話が噛《か》み合ない」というケースは、往々にしてメリハリのない話し方に原因があるものです。

会話にメリハリをつけるには、「声の強弱」と「話すスピード」で抑揚を出すことです。具体的には、復唱・確認すべき重要事項――会社名、氏名、場所、日時、数量、商品名など――は少し声を大きくして、ゆっくり話します。

また、相手が聞きとりやすいように、句読点で区切って話すことも大切です。たったこれだけで、相手に与える印象は格段によくなります。もし、相手が年配の方であれば、いっそう大きめの声でゆっくり話すように心がけてください。

●用件を正確に伝えるには、会話のリズムも重要！

③あいづちを打つ

2つのフレーズを「あいづち」としてつかいこなす

基本 電話応対で必須のフレーズ

①「はい」

②「さようでございますか」

実践 声の強弱やリズムによってバリエーションをつける

【例】きっぱり言い切るように「はい！」と言って、相手の話を受け止める

深くうなずいて「はい」と言い、同意を示す

静かに「さようでございますか」と言って、共感を示す

やや高いトーンで「さようでございますか！」と言って、驚きを示す

電話応対でも、相手が目の前にいるつもりで話すことが大切です。そこで、相手と対面で話しているときの様子を思い浮べてください。

おそらく、真剣な表情でうなずいたり、あいづちを打ったりして、相手の話に積極的に耳を傾けているでしょう。電話応対でも、こうした態度で相手に接することが大切です。

上手にあいづちを打つには、「はい」と「さようでございますか」というフレーズを基本にします。たった2つですが、**声の強弱やリズムによってさまざまなバリエーションがあります**。たとえば、同じ「はい」でも、きっぱり言い切る「はい！」と、深くうなずくような「はい」では意味合いが異なります。会話の要所で心を込めてつかってください。

一方、**つかい方に注意したほうがいいあいづちもあります**。たとえば、「そうなんですか？」「本当ですか？」というあいづちを頻繁につかう人がいますが、あまりに多すぎると、相手は不快に感じるかもしれません。また、理屈っぽい印象を与えかねない「なるほど」や、軽々しい「ええ」も、初対面や目上の人に向かってつかうのは控えるべきです。

なお、あなたがうなずく様子は相手に見えませんが、声を通して相手に伝わるものです。

●「あいづち」と「うなずき」は会話で欠かせない気配り

④ 用件の聞き方

会話の7割は「聴く」つもりで応対する

原則

「聴く」＝7割　「話す」＝3割

実践

①「話す前に聞く」という習慣を身につける

②あいづちや質問、復唱を交えて話す

③聞き流すのではなく「傾聴」する

「話し上手は聞き上手」といわれます。たしかに、会話がうまい人に共通するのは、相手の話をしっかり聞いていることです。

これは、電話応対に限ったことではありませんが、自分の言いたいことばかりに意識が向いていると相手を混乱させ、かえって用件が伝わりにくくなります。

そこでまず、「話す前に聞く」という習慣を身につけてください。とくに問い合わせやクレーム電話の場合は、相互の誤解を招かないためにも必要なことです（クレーム電話についてはPART３で詳説）。

用件の内容にもよりますが、目安として会話の7割は聞き役に回り、**3割であいづちや質問、復唱を交えて話す**ように心がけるといいでしょう。

このように理解していれば、落ち着いて話を進めることができるはずです。**相手の言葉に自分の言葉をかぶせたり、途中で話の腰を折ったりすることもなくなる**でしょう。

しかし、ただ聞き流すのでは意味がありません。相手の話に心を傾けて、しっかり「聴く」ことが大切です。

●「聴く」を「話す」に先行させれば、落ち着いて会話ができる

⑤ 用件の伝え方

「短文」と「ナンバリング」で簡潔に伝える

基本

① 短いセンテンスに区切って話す

【例】「駅前の大通りを右に進んでください。2つ目の信号を左に曲がりますと、右手に〇〇薬局がございます。そのビルの2階に弊社の受付がございます」

② 伝えたいことをナンバリングする

【例】「ご用意いただきたいものが3つございます。1つ目は……。2つ目は……」

応用

「説明に×分ほどかかりますが、よろしいでしょうか？」

「……。ここまではよろしいですか？」※説明が長くなりそうなら

電話の受け方
電話の取り次ぎ
電話のかけ方
携帯電話
言葉づかい
トーンと話し方
トラブル対処法
クレーム対応原則
初期対応
状況把握と説明
ハードクレーム
タイプ別対処法

繰り返し述べているように、電話では用件を簡潔に伝えることが大切です。

そのためには、5W3Hで用件を整理することが必要です。伝言メモを残すときも同様です（44ページ参照）。

ところが、用件が複雑であるため、しどろもどろになって話している人も少なくありません。そこで、伝達事項を整理するときの基本を覚えておきましょう。

まず、言いたいことを短いセンテンスに区切ることです。**一文が長々と続くと、非常にわかりにくくなる**からです。会話では、文章を書くときのように句読点を打つことがないため、長文になりがちです。この点は十分意識する必要があります。

また、内容の説明に入る前に、伝えたいことを「ナンバリング」するのも効果的です。たとえば、「ご用意いただきたいものが3つございます。1つ目は……。2つ目は……。3つ目は……」などと**用件のポイントに「数」をふって、わかりやすく伝えます。**

さらに、説明が長くなりそうなら相手にその旨を事前に伝え、話の途中で相手が理解しているかどうかを確かめるといいでしょう（右ページ参照）。

●会話では一文がダラダラと長くなりがち。意識的に短くしよう

ここが盲点！

電話のマナー「やってはいけない！」チェックシート

Chapter 2　トーンと話し方

あなたは、こんなことをしていませんか？

- ✕ 電話に出るとき、暗い声で挨拶してしまうことがある。
- ✕ 会話中もテンションが上がりっぱなしで、声のトーンが高いままになっていることがある。
- ✕ 重要事項を復唱するとき、単調なリズムでオウム返しをしている。
- ✕ 「はい」というあいづちをつかい慣れていない。
- ✕ 「さようでございますか」というあいづちをつかい慣れていない。
- ✕ 「そうなんですか？」「本当ですか？」というあいづちを頻繁につかう。
- ✕ 初対面や目上の人に対して「なるほど」「ええ」というあいづちを頻発する。
- ✕ 用件を伝えようとするあまり、相手の話を聞いていなかったり聞き流していたりすることがある。
- ✕ ときどき、復唱やあいづちを忘れて話し続けている。
- ✕ 相手の言葉に自分の言葉をかぶせることがある。
- ✕ 途中で話の腰を折ることがある。
- ✕ 話しているうちに、一文が延々と続いてしまうことがある。

Chapter 3

こんなとき、どうする?

トラブル対処法

オフィスにはさまざまな電話がかかってきます。どのような対応をすればいいのか、迷うケースもあるでしょう。また、電話をかけるときも慎重にしなければならない場面があります。

そこで、PART1では触れなかったレアケースへの対応について解説しましょう。

①
電話中に
別の電話！

あわてて保留にせず、会話を続けるのが原則

基本

「いま話している相手」を優先して会話を続ける

【例】「ほかの電話が鳴っているようだけれど大丈夫？」

⬇「はい、大丈夫です」

応用

話を切り上げて、あとからかかってきた電話に出る

【例】「そのほか、ご不明な点はございませんか？」※話が終わりそうなとき

「外線なので折り返します」※社内の人と内線電話で話していたら

電話の受け方
電話の取り次ぎ
電話のかけ方
電話のかけ方
言葉づかい
トーンと話し方
トラブル対処法
クレーム対応原則
初期対応
状況把握と説明
ハードクレーム
タイプ別対処法

●頻繁に電話がかかってくるなら、事前に対応の方針を決めておく

昼休みなど、オフィスに人が少ないとき、電話が次から次へとかかってくることがあります。1本の電話に出ていると、別の電話が鳴り出して焦るかもしれません。そのようなときは、どうすればいいのでしょうか？

会社によって方針が違いますが、一般的には「いま話している相手」を優先するのが基本です。**電話口の相手との会話を中断するのは、ビジネスマナーに反する**からです。その相手にとってみれば、「保留」などで待たされることは、自分が軽視されているように映るのです。したがって、「電話が鳴っているようだけれど大丈夫？」と尋ねられたとしても、「はい、大丈夫です」とはっきり答えるようにします。

ただし、**話が終わりそうなときは、まとめの言葉で切り上げてもいい**でしょう。たとえば、「そのほか、ご不明な点はございませんか？」などと言って切り上げることができる場合もあります。

また、社内の人との内線電話であれば、「外線なので折り返します」と言って、切り上げます。

②
長電話を
切りたい！

長々と話をする相手には一言添えて電話を切る

基本

「たいへん勉強になりました。
長時間ありがとうございました」

応用

「申し訳ございません。×時から会議がございまして、
それまででしたらお話をうかがえますが、
よろしいでしょうか？」※なかなか話をやめようとしないなら

「長々とお話をするお客様の電話は、どのようにして切り上げればいいのでしょうか？」

最近、こうした相談が増えています。本来の用件がすんでも、雑談などを始めてしまう人がいるのです。この場合、相手が悪意をもっているとはいえません。したがって、「すみません。時間がありませんので……」などと冷たくあしらうのは失礼です。

しかしいつまでも話に付き合っていると、業務に支障をきたすこともあります。そこで、相手の気持ちを損ねないように、一言添えて電話を切るのがコツです。

たとえば、「たいへん勉強になりました。長時間ありがとうございました」と、**感謝の気持ちを伝える**のは効果的です。たいていは、この一言で「あぁ、いま忙しいんだな」と、こちらの状況を察してくれます。

しかし、なかにはそれでも話をやめようとしない人もいます。その場合は、雑談が始まったと感じたら、**あらかじめ時間を区切って話の相手をする**ことです。

「申し訳ございません。×時から会議がございまして、それまででしたらお話をうかがえますが、よろしいでしょうか？」といった言い方をすればいいでしょう。

●「感謝の気持ちを伝える」「時間を区切る」の2段構えで対処する

電話の受け方
電話の取り次ぎ
電話のかけ方
電話のかけ方
言葉づかい
トーンと話し方
トラブル対処法
クレーム対応原則
初期対応
状況把握と説明
ハードクレーム
タイプ別対処法

③セールス電話には?

クッション言葉をつかってはっきり断る

基本

「あいにくではございますが、私どもではけっこうです」

「申し訳ございませんが、私どもではすべてお断りしております」

応用

※上司の判断をあおぐ場合

「申し訳ございませんが、担当責任者は必要ないと申しております」

電話の受け方
電話の取り次ぎ
電話のかけ方
電話のかけ方
言葉づかい
トーンと話し方
トラブル対処法
クレーム対応原則
初期対応
状況把握と説明
ハードクレーム
タイプ別対処法

オフィスには、ふだんの業務とは関係のないセールス電話もかかってきます。上司からあらかじめ「必要ない」と言われているものについては、はっきり断ります。

「いま、忙しいので」「担当者が席をはずしておりますので」などと、**あいまいな言い方をすると、相手はそれを真に受けて何度も電話をかけてくる**可能性があります。

ただ、ここでも乱暴な言い方は禁物です。「あいにくではございますが」「申し訳ございませんが」といった**クッション言葉をつかいながら、「いらない」という意思表示をする**ことが大切です。

「あいにくではございますが、私どもではけっこうです」「申し訳ございませんが、私どもではすべてお断りしております」などと言います。

しかしセールス電話について、とくに上司から指示を受けていない場合は、そのつど上司の判断をあおぐ必要があります。そのうえで、「必要ないから、断っておいて」と指示されたら、「申し訳ございませんが、担当責任者は必要ないと申しております」と、相手にしっかり伝えます。

●しつこい勧誘の電話は〝水際〟で退けるのが基本

④ 間違い電話には？

電話番号を伝えて相手に確認してもらうのがスマート

基本

※相手が「間違えました」と言ったら

「はい、失礼いたします」

※同じ人から繰り返し間違い電話を受けたら

「私どもは□□社と申しまして、
電話番号は××－××××－××××でございますが、
お間違えございませんか？」

忙しいときに、間違い電話がかかってくると、ついムッとしてしまうかもしれません。しかし、ここで**冷たい対応をするのは厳禁**です。取引先の人が部署を間違えただけなのかもしれません。あるいは、「今後、お客様になる人」の可能性も否定できません。

相手が自分のミスに気づき、「間違えました」と言ったら、「はい、失礼いたします」とやわらかい口調で返し、静かに受話器を置きましょう。

また、同じ人から繰り返し間違い電話を受けることもあります。その際、「何番におかけですか？」と尋ねる人が少なくありません。

しかし、この言い方は避けたほうがいいでしょう。一見、理にかなっているように思えますが、相手のミスをことさらに指摘するような印象を与えたり、確認のやりとりに時間がかかってしまうからです。

そこで、「私どもは□□社と申しまして、電話番号は××－××××－××××でございますが、お間違えございませんか？」とこちらの電話番号を先に伝えて、**その番号で合っているかどうかの確認は相手にまかせてしまいます**。このほうがずっとスマートです。

● 間違い電話であっても、相手に不快感を与えないようにしよう

電話の受け方
電話の取り次ぎ
電話のかけ方
電話のかけ方
言葉づかい
トーンと話し方
トラブル対処法
クレーム対応原則
初期対応
状況把握と説明
ハードクレーム
タイプ別対処法

⑤
無言電話には?

イタズラ電話と決めつけないで3ステップで対応する

基本

①再度、会社名を名乗って返答を待つ

「お客様、こちらは□□社の△△部でございます」

②それでも応答がないなら

「申し訳ございませんが、お声がこちらに届かないようですので、お電話を切らせていただきます」

③最後に挨拶をして静かに電話を切る

「失礼いたします」

もし、あなたの自宅や携帯電話に無言電話がかかってきたら、どうしますか?　たぶん、そのまま電話を切ってしまうでしょう。

しかし、会社の電話ではそうもいきません。会社名を名乗っている以上、相手が誰であろうと、**会社の印象を悪くすることは避けなければならない**からです。

また、**なんらかのトラブルで通信状態が悪く、相手の声が聞こえない**こともあります。この場合、むこうにはこちらの声が聞こえている可能性があります。

いずれにしても、無言電話がかかってきたら、イタズラ電話などと決めつけないで、ていねいに対応しなければなりません。

電話に出ても相手の声が聞こえてこないときは、再度「お客様、こちらは□□社の△△部でございます」と名乗り、相手の返答を待ちます。

それでも応答がない場合は、「申し訳ございませんが、お声がこちらに届かないようですので、お電話を切らせていただきます」とことわったうえで、「失礼いたします」と言って静かに電話を切ります。

● 通信トラブルも視野に入れて、ていねいに対応することが必要!

電話の受け方
電話の取り次ぎ
電話のかけ方
電話のかけ方
言葉づかい
トーンと話し方
トラブル対処法
クレーム対応原則
初期対応
状況把握と説明
ハードクレーム
タイプ別対処法

⑥ 居留守を頼まれた！

事前に示し合わせるとともに相手に用件を尋ねる

基本

※指名者が在席していることを相手に伝えてしまっていたら

「お待たせして申し訳ございません。○○は先ほどまで席におりましたが、少し前に外出してしまいました。たいへん申し訳ございません」

応用

※伝言を申し出る

「私、△△部の○○と申します。私でよろしければご伝言を承りますが、いかがいたしましょうか？」

上司あての電話を取り次ぐと、「いま、（私は）いないことにしておいて」と居留守を頼まれることがあります。

その場合は、電話に戻る前に「帰社時間は何時にしておきますか？」「終日、外出しているということでよろしいですか？」などと、**指名者と示し合わせておく**必要があります。

そして「お待たせして申し訳ございません。○○はただいま外出しておりまして、×時頃には戻る（本日はこちらに戻らない）予定になっております」と伝えます。この対応は、指名者が本当に外出している場合と同じです。

電話を指名者に取り次ぐ時点では、指名者が在席しているかどうかを相手に伝えない（伝えられない）のが普通ですが、もし上司がいることを伝えてしまっていたら、「お待たせして申し訳ございません。○○は先ほどまで席におりましたが、少し前に外出してしまいました。たいへん申し訳ございません」とお詫びの言葉を述べます。

そのうえで「私、△△部の○○と申します。私でよろしければご伝言を承りますが、いかがいたしましょうか？」と**伝言の申し出をする**と、好感がもたれるでしょう。

● 後ろめたい気分にもなるが、伝言を受けることで誠意を見せる

ここが盲点！

電話のマナー「やってはいけない！」チェックシート

Chapter 3　トラブル対処法

あなたは、こんなことをしていませんか？

✕ 電話中に別の電話が鳴ったら、すぐに「保留」にして別の電話に出る。

✕ 雑談を始めた相手に対して「すみません。時間がありませんので……」と言って、冷たくあしらう。

✕ 長々と雑談を続ける相手には、いつまでも話に付き合う。

✕ セールス電話がかかってきたら、「いま忙しいので」などと言って、その場をしのぐ。

✕ セールス電話がかかってきたら、「そのようなものはいりません！」と厳しい口調で断る。

✕ 忙しいときに間違い電話がかかってくると、冷たい態度で接することがある。

✕ 間違い電話がかかってきたら、「何番におかけですか？」と相手に尋ねる。

✕ 無言電話がかかってきたら、イタズラ電話と判断してすぐに電話を切る。

✕ 無言電話がかかってきたときは、なにも言わずに電話を切る。

✕ 突然、上司から居留守を頼まれると、どうしていいかわからずに、しどろもどろになってしまう。

PART 3

クレーム電話の受け方・さばき方

PART1～2で電話応対の基本と実践テクニックを説明しました。これで一通りのマナーは身につくはずです。

ところが、かかってくる電話のなかにはクレームもあります。そこで、PART3ではクレーム電話に焦点を絞って解説します。

「クレーム対応の原則」「初期対応」「状況把握と説明」と順を追って説明します。また、「ハードクレーム」に対応するときの鉄則と、クレーマーの「タイプ別対処法」を紹介します。

もう、クレーム電話も怖くない！

Chapter 1

まず押さえてほしい
クレーム対応の原則

クレーム電話は、できれば避けて通りたいと思うのが人情です。
しかし、クレーム対応の原則を理解すれば、不安や焦りはグンと少なくなります。
心構えから対応の手順まで、わかりやすく説明しましょう。

①クレームとは?

クレームは会社の発展と自分の成長に役立てる

基本

「お客様からの大切な声」
「会社発展のためのご指摘」
⬅
クレームを貴重な情報源として活かす

例外

「難しいお客様」※無理難題を押しつける
「悪質クレーマー」※金品を要求する
⬅
場合によっては「お客様扱い」をやめる

電話の受け方
電話の取り次ぎ
電話のかけ方
携帯電話
言葉づかい
トーンと話し方
トラブル対処法
クレーム対応原則
初期対応
状況把握と説明
ハードクレーム
タイプ別対処法

「クレーム」という言葉には、ネガティブなイメージがあります。

しかし、基本的にクレームは「お客様からの大切な声」であり、「会社発展のためのご指摘」です。さまざまなクレーム情報は、**サービスの向上や業務改善、あるいは新商品開発に役立てる**ことができるからです。

クレームを申し出る人は、不満を抱えているお客様の1割にも満たないのが現状です。残り9割の人は、黙って商品や会社から離れていってしまいます。それだけに、クレームは貴重な情報源なのです。また、クレームを持ち込んだお客様が、その対応のしかたに満足して「ファン」になることも珍しくありません。

ただし近年、無理難題を押しつける「難しいお客様」が増えてきたのも事実です。また、金品を要求する「悪質クレーマー」もいます。詳しくは後述しますが、場合によっては「お客様扱い」をやめることも必要です。

しかしながら、さまざまなクレームに対応する経験が、**あなた自身のビジネススキル向上にもつながる**ことは間違いありません。前向きに取り組んでください。

● クレーム電話に対して逃げ腰にならないで、チャンスと捉えよう

②
対応の基本姿勢

「説得」するのではなく「納得」していただく

基本

事情を説明する過程で説得しようとせず、納得していただくことを目指す

※「お客様からの大切な声」「会社発展のための指摘」と捉えた場合

例外

毅然とした態度で臨む

※「難しいお客様」「悪質クレーマー」の場合

電話の受け方
電話の取り次ぎ
電話のかけ方
携帯電話
言葉づかい
トーンと話し方
トラブル対処法
クレーム対応原則
初期対応
状況把握と説明
ハードクレーム
タイプ別対処法

クレームを「お客様からの大切な声」「会社発展のためのご指摘」と捉えれば、クレーム電話にも真摯に耳を傾けることができるはずです。そのうえで問題解決の道を探ります。

ここで注意してほしいのは、お客様を説得しようとするのではなく、お客様に納得していただくという姿勢を貫くことです。

「説得する」とは、自分の考えや思いを相手に伝えて理解させようとすることです。一方、「納得していただく」というのは、相手が「なるほど、わかった」と理解し承認するまで説明することです。最終的にはお客様に事情を話して問題の解決を図らなければなりませんが、その過程で説得しようとしてはいけないのです。お客様が**「理解はできるが、やっぱり納得できないな」と不満を抱えたままでは、本当の解決にならない**からです。

したがって、お客様と論争することも避けなければなりません。たとえお客様を言い負かしたとしても、かえってお客様の反感を買うだけです。

ただし、「難しいお客様」や「悪質クレーマー」に対しては、毅然とした態度で臨むことも必要です。

●クレーム対応はディベートではない。論破しても逆効果になる

③
お客様の心情

お客様の「主張」と「感情」を尊重する

基本

①お客様の「主張」に対しては
実務的な善後策を練る

②お客様の「感情」に対しては
その思いを受け止める

電話の受け方
電話の取り次ぎ
電話のかけ方
携帯電話
言葉づかい
トーンと話し方
トラブル対処法
クレーム対応原則
初期対応
状況把握と説明
ハードクレーム
タイプ別対処法

「この商品、壊れているじゃないか！」

こうクレーム電話をかけてきたお客様がいたら、あなたはどう感じますか？

罵倒されるのではないかと不安になったり、早く修理しなければと焦ったりすることでしょう。クレーム電話への対応では、こうした不安や焦りがつきものです。

しかし、クレーム電話対応をスムーズに進めるには、まずお客様の心情に思いをはせることが大切です。このお客様は、「早く使えるようにように、なんとかしてほしい」と強く願っていると同時に、「せっかく買った商品が使えない」ことに落胆し、怒りがこみ上げているからです。つまり、お客様の**「主張」の奥には、怒りの「感情」がある**のです。

「壊れている商品を修理してほしい、交換してほしい」という要求——正当な主張——に対して、クレームを受けた側としては、商品の修理や交換に応じさえすればいい、ということではありません。怒りに声を震わせているお客様に対しては、その思いを受け止めることが必要なのです。

淡々と事務的な対応をしていたのでは、クレームが収束することは難しいでしょう。

●お客様の立場になって、その心情を推し量ることが大切！

④ 対応の手順

クレームには5つのステップで対応する

基本

ステップ① 怒りや不安を「お詫び」で受け止める

ステップ② 「共感・傾聴」で怒りを静める

ステップ③ 冷静に「状況把握」をする

ステップ④ 「説明・提案」で問題解決を図る

ステップ⑤ クレームに感謝し、「フォロー」する

注意

悪質クレーマーの場合は、ステップ④の段階から対応のしかたを切り替える

電話の受け方
電話の取り次ぎ
電話のかけ方
携帯電話
言葉づかい
トーンと話し方
トラブル対処法
クレーム対応原則
初期対応
状況把握と説明
ハードクレーム
タイプ別対処法

ふだんは冷静に電話応対ができるのに、受話器からお客様のいらだった声が聞こえてくると、それだけでに頭のなかが真っ白になるという人は少なくありません。

しかし、クレーム対応の手順を知っていれば、それだけで不安はずいぶん解消されます。電話の内容がクレームだとわかったら、落ち着いて5つのステップを踏んで対応するようにします（右ページ参照）。

クレーム電話には、さまざまなパターンがあります。また、クレームの内容も千差万別です。しかし、**どんなクレーム電話であっても、「対応の手順」は共通**しています。

クレームの内容やお客様の状況によって、臨機応変な対応が求められますが、基本的な流れを押さえておくことは大切です。ただし、いわゆる悪質クレーマーの場合は、ステップ④の段階から対応のしかたを切り替える必要があります（170ページ参照）。

誰でも、クレームからは早く解放されたいと思うものです。しかし、いくら焦ってもいい結果は生まれません。**段階的に対応することが早期解決への近道**なのです。

これから、その手順に沿って詳しく解説していきましょう。

●どんなクレーム電話でも、対応の手順を知っていれば怖くない

ここが盲点！

電話のマナー「やってはいけない！」チェックシート

Chapter 1　クレーム対応原則

あなたは、こんなことをしていませんか？

- ✕「クレーム電話」と聞いただけで、尻込みしてしまう。
- ✕クレームが「貴重な情報源」であるというのは、単なる“スローガン”だと思っている。
- ✕「お客様」と「難しいお客様」「悪質クレーマー」を区別して考えてはいない。
- ✕クレーム電話をかけてくるお客様に対しては、なんとか説得しようと試みている。
- ✕しばしば、クレーム電話をかけてくるお客様と論争になることがある。
- ✕クレームを解決するには、お客様の言い分を聴けばいい、と考えている。
- ✕クレーム電話をかけてくるお客様の「怒り」に思いをめぐらすことは、めったにない。
- ✕クレーム電話の内容は千差万別だから、場当たり的に対応せざるを得ない、と考えている。
- ✕悪質クレーマーにも「お客様第一主義」を貫いている。
- ✕クレームを円満に解決するには、とにかく「急ぐ」ことが大切だと考えている。

Chapter 2

お客様をヒートアップさせない

クレームの初期対応

クレーム電話対応における初期対応は極めて重要です。ここでお客様に落ち着いていただければ、着地点が見えてきます。逆にお客様の機嫌を損ねてしまっては、その後の対応はますます難しくなるでしょう。

まず、「お詫び」「共感・傾聴」(ステップ①と②)について説明しましょう。

①お詫びする

こちらに非がなくても「限定的なお詫び」をする

基本

「ご迷惑をおかけいたしまして、たいへん申し訳ございません」

「ご不便をおかけいたしまして、たいへん申し訳ございません」

「ご要望に沿えず、申し訳ございません」

応用

「お届けが遅れまして、たいへん申し訳ございません」

※商品の配送遅延をお詫びする場合

受話器からお客様からのとげとげしい声が響いてくると、とっさに「クレーマーじゃないか？」と身構えてしまう人がいます。しかし、ここで**相手をクレーマー扱いするのは、火に油を注ぐ**ようなものです。クレームをはねのけようとする〝拒絶反応〟は、声のトーンで電話のむこう側にいるお客様にも伝わるからです。

お客様からのクレーム電話を受けたら、まずお詫びの言葉を述べます。「ご迷惑をおかけいたしまして、たいへん申し訳ございません」「ご不便をおかけいたしまして、たいへん申し訳ございません」「ご要望に沿えず、申し訳ございません」といった表現です。

また、クレームの内容に触れてお詫びしてもいいでしょう。たとえば、商品の配送遅延を訴えるお客様に対しては、「お届けが遅れまして、たいへん申し訳ございません」といった言い方もできます。

いずれにしても、こちらの非を１００％認めて「全面的な謝罪」をするわけではありません。クレームの原因がはっきりしない段階では、**「限定的なお詫び」によってお客様の怒りの気持ちを受け止める**のです（全面的に謝罪するケースは１７４ページ参照）。

●限定的なお詫びであれば、一方的に責任を追及されずにすむ

②共感・傾聴（1）

お客様の話を一通り最後まで聴く

基本

お客様の話を最後まで聴く

×「お客様、それは……」「そうはおっしゃいますが……」
※お客様の意見に反論・弁解しようとする

×「ということですね……」※性急に結論を出そうとする

×「ところで……」「ひとつうかがいたいのですが……」
※急に話題を変えようとする

×「はあ？」「えーっ！」※感情的な表現でお客様に不満をぶつける

クレーム電話を限定的なお詫びで受け止めた後は、お客様の話を傾聴します。単に「聞く」だけでは不十分です。クレームの中身を知るだけでなく、**お客様にこちらの真摯な姿勢を示し、心を開いていただく**ことが必要だからです。

最初のお詫びの言葉でも、お客様の怒りの気持ちを受け止めていますが、それはたとえていうなら、玄関先でお客様を迎え、挨拶の言葉を述べるようなものです。奥に招き入れて、話し合いのテーブルについていただくには、傾聴によってお客様の怒りを静めなければならないのです。

傾聴するのときのポイントは、まずお客様の話を一通り、最後まで聴くことです。すでに述べたように、クレーム電話対応では「説得する」のではなく、「納得していただく」ことが大切であり、そのためには、お客様に不満や不安、要望をいったん全部吐き出していただくことが必要なのです。

お客様に一方的にまくし立てられると、思わず反論や弁解をしたくなるものですが、**話の腰を折るようなフレーズは禁句**です（右ページ参照）。

●話の腰を折ると、お客様の怒りが爆発する

③ 共感・傾聴（2）

会話の合間であいづちを打って共感を示す

基本

「はい」「さようでございますか」

※声の強弱やトーンでバリエーションをつける

応用

「おっしゃるとおりでございます」

「ごもっともでございます」

あいづち＋お詫びの言葉＋復唱

【例】「さようでございますか。たいへん申し訳ございません。まだ、商品がお手元に届いていないということでございますね」

お客様の話を傾聴していると、「ごもっともな意見」があれば、「身勝手な要求」もあります。しかし、お客様にしてみれば「ひどい扱いを受けた」と感じているケースがほとんどです。

したがって、お詫びした後の傾聴の段階では、お客様の見解が正しいかどうかではなく、感情の問題として扱います。

具体的には、会話の合間であいづちを打って、お客様に共感を示します。「はい」「さようでございますか」という基本フレーズを中心に、バリエーションを増やしておきます。

あいづちは、声の強弱やトーンによって印象は変わりますが、「おっしゃるとおりでございます」「ごもっともでございます」などのフレーズも覚えておくといいでしょう。**単調なあいづちでは、「私の話をちゃんと聴いているのか！」と、二次クレームに発展する**おそれもあります（184ページ参照）。

また、**あいづちを打ちながら、「お詫びの言葉」に「復唱」を加えて、共感を示す**話し方もあります。

●共感を示すには、あいづちが効果的。バリエーションを増やそう

④ 共感・傾聴（3）

状況把握の前に相手を気づかう言葉がほしい

基本「さようでございますか。たいへん申し訳ございません」

＋

「お怪我などはございませんでしたか？」

「お部屋を汚すようなことはございませんでしたか？」

「お洋服は大丈夫でございますか？」

「お体の具合はいかがでしょうか？」

「そちらで買ったグラスなんだけれど、箱を開いたらヒビが入っていた！」

こんなクレーム電話を受けたら、あなたはどう対応しますか？

「さようでございますか。たいへん申し訳ございません。それではさっそく確認いたしますので……」

もし、こうした受け答えをしていたら、少々あわてすぎです。状況把握に移る前に、お客様を気づかう言葉がほしいものです。たとえば、「お怪我などはございませんでしたか？」と言うことができます。**この一言で、お客様の怒りはトーンダウンする**でしょう。

このほかにも、商品破損で中身がこぼれ出てしまうおそれがあれば、「お部屋を汚すようなことはございませんでしたか？」『お洋服は大丈夫でございますか？」といった言い方があります。食品への異物混入などでは、「お体の具合はいかがでしょうか？」などと、相手の健康を気づかうことが大切です。

お客様の心配もせず、クレームへの対処法ばかりに気をとられていると、その無神経さがお客様をいらだたせてしまうことがあります。注意してください。

●事務的なクレーム対応は、お客様に見透かされている

電話の受け方
電話の取り次ぎ
電話のかけ方
携帯電話
言葉づかい
トーンと話し方
トラブル対処法
クレーム対応原則
初期対応
状況把握と説明
ハードクレーム
タイプ別対処法

⑤ 電話の転送

「たらい回し」で一気にヒートアップする

基本 電話の転送は「1回だけ」にする ※保留時間は30秒以内

応用 折り返し電話で対応する ※転送すべき担当者がはっきりしない場合

【例】「ご不便をおかけいたしまして、たいへん申し訳ございません。
それではさっそく、ほかの部署とも併せて確認させていただきますので、
恐れ入りますが、お時間を30分程度いただけませんでしょうか？
私、○○と申しますが、折り返しお電話させていただきますので、
申し訳ございませんが、もう一度、お名前とお電話番号をおうかがいしても
よろしいでしょうか？」

クレーム電話を受けた人が、担当者（部署）に電話を転送するケースもあります。その際、決して「たらい回し」にしないことです。

まず、電話の転送は「1回だけ」と心得ておくことが大切です。これは、電話をかけてきた人の気持ちを考えれば当然です。

ところが、「転送すべき担当者（部署）がはっきりしない場合は、どうすればいいのか？」という疑問をもつ人もいるでしょう。その答えは、折り返し電話による対応です。

折り返し電話なら、**担当者の確認をしっかりしたうえで、電話を回す**ことができます。その際、電話を受けた人は**自分の名前を名乗る**ことを忘れないようにします。

そして、折り返し電話では、できれば**電話を受けた人が電話をかけ直してください**。その後で担当者に電話をかわると印象がグッとよくなります。

また、ほかの部署から転送されてきた電話に出るときも、仮に自分が担当する内容でなくても、同様の対応をしなければなりません。「ここではありません」は禁句です。

なお、電話の「保留時間は30秒以内」という原則も守ってください。

●たらい回しは、お客様を軽視している証拠。完全にアウト！

ここが盲点！

電話のマナー
「やってはいけない！」チェックシート

Chapter 2　初期対応

あなたは、こんなことをしていませんか？

- ✕ お客様からの相談や感想の電話でも、「クレーム電話だ」と身構えてしまう。
- ✕ クレーム電話がかかってきても、状況が把握できないうちはお詫びしない。
- ✕ 話の途中で、お客様の意見に反論・弁解したり、話の腰を折ったりすることがある。
- ✕ 話の途中で、こちらの感情をぶつけてしまうことがある。
- ✕ お客様の「身勝手な要求」に対して、つい「論理」で応戦してしまう。
- ✕ お客様の話は、ただ黙って聴いている。
- ✕ 「はい」「さようでございますか」の連呼で相手を怒らせてしまうことがある。
- ✕ 「クレームへの対処法」に気をとられ、「お客様への気づかい」が欠けてしまう。
- ✕ クレーム電話をかけてきたお客様を「たらい回し」にすることがある。
- ✕ ほかの部署から転送されたクレーム電話の内容が自分の担当でない場合、「ここではありません」と伝えて電話を切る。
- ✕ クレーム電話を保留にして、30秒以上放置することがある。

Chapter 3

クレームを収束させる

状況把握と説明

お客様の怒りが静まったら、いよいよ話し合いが始まります。

お客様がどんな不満や不安を抱き、どのような要求をしてくるのか、わかりません。

「状況把握」「説明・提案」、さらに「フォロー」という一連のプロセス（ステップ③～⑤）について、ポイントをわかりやすく解説しましょう。

① 状況把握（1）

5W3Hで質問項目を整理しておく

基本

誰が？（Who）　なにが？（What）　いつ？（When）

どこで？（Where）　なぜ？（Why）　いくつ（How many）

いくら？（How much）　どのように？（How to）

【例】通販で購入した洗顔フォームの容器にヒビが入っていたケース

誰が＝お客様の氏名　なにが＝洗顔フォーム・商品番号××－×××

いつ＝×月×日　どこで＝お客様の住所

なぜ＝容器にヒビが入った　いくつ＝×個　いくら＝×千円

どのように＝製造過程で？　梱包時に？　配送中に？

クレームの初期対応がうまくいって、「私の気持ちをわかってくれるんだね。じつは……」と、お客様がクレームの詳細について語り始めたら、そのタイミングを逃さず、お客様に質問したり、社内の関連部署に問い合わせたりして、クレームの収束を図ります。

そこでまず、**「問題の解決にはどんな情報が必要なのか？」を念頭に置いて、状況を把握**しなければなりません。

たとえば、「通販で購入した洗顔フォームの容器にヒビが入っていた」というクレーム電話が入ったとしましょう。この場合、「お客様に氏名や商品番号などを尋ねる」「注文記録から商品名や数量、購入時期などを調べる」「お客様の手元にある商品の状態を尋ねる」「お客様に商品の交換を提案する」「お客様が注文した商品の在庫と発送可能な時期を社内で確認する」などの作業が必要になります。

こうした懸案事項について、場当たり的に質問・確認していると、どうしてもモレやダブリが生じます。そこで「5W3H」に沿って質問・確認項目を整理しておくといいでしょう。こうした基本情報を押さえておくことが、問題解決への第一歩です。

●クレーム電話には気配りと同時に論理的な思考も求められる

② 状況把握（2）

クッション言葉を入れて質問する

基本

相手に自由に話してもらう質問……オープンクエスチョン

【例】「恐れ入りますが、
商品の状態を教えていただけますでしょうか？」

応用

「はい／いいえ」で答えてもらう質問……クローズドクエスチョン

【例】「恐縮でございますが、
商品の中身がこぼれ出ているのでしょうか？」

クレームが発生したときの状況を把握するためには、お客様に質問しなければなりませんが、その際、まず気をつけてほしいのは、相手を詰問するような言い方にならないことです。情報を効率よく集めようとするあまり、まくしたてるように質問する人がいますが、これではお客様の機嫌を損ね、かえってクレーム解決が遠のくことになりかねません。

そこで、クッション言葉を効果的につかいます。**通常の電話応対より、やや多めにつかう**感覚でいいでしょう（90ページ参照）。

そのうえで、質問のしかたを工夫します。質問の形式には、相手に自由に話してもらうように促す「オープンクエスチョン」と、「はい／いいえ」など二者択一で答えられるような「クローズドクエスチョン」があります。事実確認では、**オープンクエスチョンでダイレクトに多くの情報を集める**のが一般的ですが、お客様によっては話が脇道にそれたり、途中で黙り込んでしまうこともあります。その場合は、**クローズドクエスチョンで、確認したいことをピンポイントで尋ねる**こともあります。ただし、お客様にこちらの期待を押しつけているような印象をもたれないように、とくにていねいな言葉づかいが必要です。

●事務的な詰問口調は厳禁。相手が答えやすい雰囲気をつくる

③
状況把握
（3）

クレーム内容の復唱・確認を怠らない

基本

お客様の言い分を否定しないで、そのまま復唱する

【例】「洗顔フォームだけなく、ローションの箱もつぶれていた」

⬅

「さようでございますか。たいへん申し訳ございません。ローションの箱もつぶれていた、ということでございますね」

お客様がクレームの内容について話しているときは、初期対応での「共感・傾聴」と同様に、あいづちを打ちながら話を聴きます。

ただし、状況把握の段階では、お客様に共感を示すだけでなく、重要な事柄については必ず復唱・確認しなければなりません。お客様と担当者の双方が「了解」のもとで話を進めるために必要なことです。

たとえば、お客様が「洗顔フォームだけでなく、ローションの箱もつぶれていました」と言ったら、「さようでございますか。たいへん申し訳ございません。ローションの箱もつぶれていた、ということでございますね」と復唱・確認します。

復唱・確認の基本は26ページで述べたとおりですが、クレーム電話の場合は、**会話の途中でも必要に応じて復唱・確認をしなければなりません**。

復唱・確認で注意してほしいのは、お客様の話を聴いていて「あり得ない」「お客様の誤解だ」と思っても、この時点ではお客様の言い分を否定しないで、そのまま復唱することです。**こちらの意見を述べるのは、あくまで事実を検証した後**のことです。

●クレーム電話では事実を検証するためにも復唱・確認が不可欠

④ 状況把握(4)

社内で確認が必要なときは、折り返し電話で対応する

基本

「確認いたしまして、折り返しお電話させていただきたいのですが、恐れ入りますが、30分ほどお時間をいただけませんでしょうか？」※事実確認や上司の判断を待って回答する場合

「折り返し、担当者からお電話させていただきますので、5分ほどお待ちいただけますでしょうか？」※引き継ぐ場合

応用

「30分で確認が終わる予定でしたが、もう少しお時間をいただけないでしょうか？　恐れ入りますが、1時間後はご都合いかがでしょうか？」※折り返しの予定時刻をすぎる場合

クレーム電話でも、お客様の会話を中断せざるを得ない場面があります。たとえば、注文記録や購入履歴などで事実関係を確認したり、上司の判断を仰いだり、あるいは別の部署に引き継いでもらうときなどです。

このような場合、「保留」にするよりも「折り返し電話」にしたほうが得策です。保留は30秒以内にするのが原則ですが、その間に確認作業や上司への相談、引き継ぎをスムーズに行うのは難しいからです。

また、折り返し電話は、**お客様の怒りを静める「クールダウン」の効果**も期待できます。お客様の興奮が冷めていないときは、あえて折り返し電話で対応するのも方法です。

折り返し電話をする際には、**事前に所要時間を伝えておく**ことが大切です。30分以内を目安にして、その範囲内で多少の余裕をもたせておくといいでしょう。もし、折り返しの予定時刻をすぎるような気配なら、その前に一度電話をかけてことわりを入れておきます。

ただし、**折り返し電話の時間延長は1回**にとどめます。時間が読めないようなら、はじめから「翌日」などとしておきます。

● 社内での確認作業は意外に時間がかかる。油断は禁物！

⑤ 説明・提案（1）

わかりやすく説明し、ソフトに提案する

基本

「プレゼン形式」で説明する……わかりやすく説明する

①論点を整理する
②結論を先に述べる
③理由（根拠）がいくつあるのかを伝える
④その理由を項目ごとに説明する
⑤再度、結論を述べて締めくくる

「依頼形」で提案する……ソフトに提案する

※「クッション言葉 ＋ 依頼形」の表現が最もていねい

【例】「誠に申し訳ございませんが、～していただけませんでしょうか？」

クレームが発生した状況を把握できたら、事情説明に入ります。その際、筋道を立ててわかりやすく説明するために、**プレゼンテーションの手法を応用する**といいでしょう（右ページ参照）。たとえば、次のように話を組み立てることができます。

「それでは早急に商品を交換させていただきたく存じます（論点の整理）。たいへん恐縮でございますが、お届けは1週間後の×日となります（結論）。その理由は3つございます（理由の数）。まず、申し訳ございませんが、ただいま在庫を切らしております。また、この商品は職人の手作りのため、製作に×日をいただいております。さらに、材料が揃うのが明後日となります（項目ごとの説明）。したがいまして、1週間後に新しい商品をお届けいたしますので、誠に申し訳ございませんが、それまでお待ちいただけませんでしょうか？（結論の確認）」

このような構成を頭に入れて説明すれば、お客様にもわかりやすいはずです。

ここで注意してほしいのは、提案のしかたです。クレーム電話では**「依頼形」をつかって、ていねいに表現**します。クッション言葉を加えてもいいでしょう（94ページ参照）。

●結論→理由（根拠）→結論のステップを踏むと伝わりやすい

電話の受け方
電話の取り次ぎ
電話のかけ方
携帯電話
言葉づかい
トーンと話し方
トラブル対処法
クレーム対応原則
初期対応
状況把握と説明
ハードクレーム
タイプ別対処法

⑥ 説明・提案（2）

基本

こんな言葉がお客様の怒りを再燃させる

※会社の都合を一方的に押しつけるような表現

×「基本的に」　×「原則として」

×「会社の規定で」　×「事務処理上」

※価値観を押しつけているように感じさせる表現

×「絶対に」　×「ふつうは」　×「一般的に」

※あいまいな表現

×「おそらく」　×「一応」　×「たぶん」　×「とりあえず」

×「させていただこうと思います」

●「上から目線」「逃げ腰な態度」が言葉にあらわれる

不用意な一言でお客様の怒りが再燃することがあります。代表的なのが、**「上から目線」の印象を与える言葉**です。たとえば、「商品の送料については、なにも説明を受けていなかった！」とクレームを申し立てるお客様に対して、「基本的に、送料はお客様のご負担とさせていただいております」と答えるケース。この言い方には、会社の都合を一方的に押しつけている印象があります。類似した表現としては、「原則として」「会社の規定で」「事務処理上」などがあります。また、「絶対に」「ふつうは」「一般的に」なども、こちらの価値観を押しつけているように感じさせるので、つかわないようにします。

会社規定を伝えるときは、「皆様に同じようにお願いしております」が有効です。

さらに、**あいまいな表現をつかうのも、責任逃れの印象を与えかねない**ので、つかわないようにします。「おそらく」「一応」「たぶん」「とりあえず」などは状況把握をしたり、説明・提案したりする際に口からもれやすい言葉なので注意が必要です（100ページ参照）。「～させていただこうと思います」という表現も同様です。これは、**「させていただきます」ときっぱり言い切る**べきです。

⑦ 感謝とフォロー

クレーム客をお得意様にする「最後の一言」はコレ!

基本

※再度のお詫びと感謝の言葉に続けて

「今後、なにかございましたら、私○○までご連絡いただければと思います」

応用

※後日、あらためてお客様に電話をかけて

「先日はたいへん申し訳ございませんでした。新しい商品をお送りさせていただきましたが、お手元に届きましたでしょうか?」

電話の受け方
電話の取り次ぎ
電話のかけ方
携帯電話
言葉づかい
トーンと話し方
トラブル対処法
クレーム対応原則
初期対応
状況把握と説明
ハードクレーム
タイプ別対処法

お客様にこちらの提案を受け入れていただければ、一件落着です。しかし、クレーム電話対応は、ここで終わったわけではありません。**再度のお詫びと感謝の言葉が必要**です。「このたびは、たいへんご迷惑をおかけして誠に申し訳ございません。わざわざお電話をいただきましてありがとうございます」などと、心を込めて述べます。

そして、今後もご意見をお願いしたい旨を伝えます。ところが、ここできちんと挨拶できる人は決して多くありません。「貴重なご意見をありがとうございました。今後ともどうぞ宜しくお願いいいたします」では、あまりにマニュアル的です。

そこで、「今後、なにかございましたら、私○○までご連絡いただければと思います」といった言い方で、お客様に満足感を覚えていただきます。**お客様に一対一で向き合っていることを印象づける**のがポイントです。

さらに後日、あなたから**お客様に電話をかけて、「その後」の様子を尋ねれば完璧**です（右ページ参照）。ここまで心配りができる人はまれですが、たった1本、1～2分の挨拶で好感度は一気に跳ね上がります。こんなチャンスを逃すのは惜しいと思いませんか？

●お客様は大勢いても、お客様にとって「あなた」はひとりだけ

ここが盲点！

電話のマナー「やってはいけない！」チェックシート

Chapter 3　状況把握と説明

あなたは、こんなことをしていませんか？

- ✕ 状況把握のためお客様に質問するが、あとからメモを見直すとモレやダブリがある。
- ✕ 状況把握のために情報を効率よく集めようとして、まくしたてるように質問をする。
- ✕ オープンクエスチョンとクローズドクエスチョンの使い分けはとくに意識していない。
- ✕ 状況把握の段階でも、「復唱」は会話が終わってからしている。
- ✕ お客様から話を聴いていて、お客様の誤解であることがわかったら、即座にそのことをお客様に告げる。
- ✕ 社内だけでなく関連業者の事実関係を確認するときも、電話を保留にしている。
- ✕ 折り返し電話では、「時間延長」を何回もお願いしている。
- ✕ 事情を説明したり、解決策を提案したりするとき、思いついたことから話している。
- ✕ 「基本的に」「会社の規定で」「一般的に」などの上から目線を感じさせる言葉をつかうことがある。
- ✕ 「おそらく」「一応」「思います」などの逃げ腰な態度を感じさせる表現をすることがある。
- ✕ 最後の「感謝の言葉」はマニュアルどおりに述べている。

Chapter 4

それでも解決しない！ハードクレーム対策

クレーム電話対応の基本に沿って、誠実な対応をしていれば、ほとんどのお客様は理解を示してくれます。しかし、なかには「難しいお客様」や「悪質クレーマー」もいます。

そこで、彼らにはどう対応すればいいのか、その鉄則・原則について説明しましょう。

① 対応の姿勢

「説明」から「交渉」へスタンスを切り替える

基本 悪質クレーマーに対しては臨機応変に対応する

①相手の狙いはなにかを見極める……判断力

②着地点を見つけ、柔軟に対応する……適応力

③社内基準に照らし合わせながら交渉する……交渉力

※相手のメリットを強調したり、あくまでルールを順守するなど、対応策をつかい分ける

ここ数年で、クレーム対応の現場も様変わりしました。誠実に対応しても、なかなか納得していただけないお客様や、担当者の言葉尻をとらえて、しつこく絡んでくるお客様、長々と説教を続ける〝上司気取り型クレーマー〟など、「難しいお客様」や「悪質クレーマー」、いわばハードクレームが増えています。また、クレームがＳＮＳで一気に拡散するなど、クレーム対応はさらに難しくなっています。

こうしたなかで、クレーム電話についても、いっそう臨機応変な対応が求められています。状況把握の段階でクレーマーの狙いを見極めて、**悪質クレーマーに対しては毅然とした態度で臨む**ことも必要なのです。

そのときに求められるのが、３つの対応スキルです（右ページ参照）。

しかし、どこからが「悪質」なのか、その境界線を引くのが難しいのも事実です。

まずは、クレームをお客様からの大切な声として捉え、**お客様に満足していただくことを大前提にしてクレーム電話に向き合ってください**。その経験を通じて、ハードクレームを含めた電話対応のスキルはどんどん磨かれていくでしょう。

●〝性善説〟を基本にしながら、臨機応変な対応をする

②
マインドセット

クレームを会社の問題として受け止める

基本

※罵詈雑言を浴びせられたら

「私が責められているのでない」と心のなかで念じる

※早口で苦情をまくしたてられたら

一呼吸おいて気持ちを落ち着かせてから、ゆっくり話し始める（早口になると、感情が入りやすい）

電話に出たとたん、「いったい、どうなってるんだ！」と、受話器から怒声が響くことがあります。あるいは、「ばかやろう」など、日常生活ではめったに聞かない暴言を浴びせられることもあるかもしれません。クレーム対応の経験が浅い人は、こうした罵詈雑言に対して〝免疫力〟がないため、その言葉だけでヘコんでしまうのではないでしょうか？

しかし、あなたが冷静さを失ってしまっては、クレームはますます拡大します。**早期解決を焦って、判断を誤る**ことは珍しくありません。

そこで、まず自分の気持ちをコントロールしてください。こちらが落ち着いて対応すれば、相手も徐々に落ち着きを取り戻すものです（例外については184ページ参照）。

そのための秘訣は、クレームを自分のこととして受け止めるのではなく、会社の問題として受け止めることです。責められているのは、あなたではないのです。こう考えるだけで、**冷静な判断力を取り戻す**ことができるでしょう。

また、早口で苦情をまくしたてるお客様もいます。すると、ついそのペースに巻き込まれて感情的になってしまうことがありますが、**一呼吸おいてから話し始める**ようにします。

●責められているのはあなたではない！　冷静に状況を確認しよう

③ 水掛け論にしない

原因が「感性」の問題なら、ていねいにお詫びする

基本

【店員の接客態度に対するクレーム】

「さようでございますか。たいへん申し訳ございません」

※事実確認ができないので、全面的なお詫びをする

【商品イメージと実物のギャップに対するクレーム】

「さようでございますか。カタログにはお届けした商品の写真を掲載しておりますが、たしかに色合いが違っているようにも感じます。ご迷惑をおかけいたしまして、たいへん申し訳ございません」

※お客様の感性を否定せず、返品などに応じるかどうかを検討する

クレームの原因は、主に「商品」「サービス」「人」にありますが、なかでも接遇に関するクレームは際立って多くなっています。

「昨日、お店に行ったんだけれど、店員さんの態度がなっていない！」

こうしたクレームで注意しなければならないのは、水掛け論にならないことです。**店員の態度が本当に悪かったのかどうか、電話を受けた人にはわかりません。**

同じ会社の仲間としては「そんなはずはない」と、かばいたくなるかもしれませんが、「さようでございますか。たいへん申し訳ございません」と、全面的なお詫びをします。

また、商品カタログを見て商品を注文したお客様から、「写真のイメージと全然違う！」といったクレームが寄せられることもあります。

このケースも、お客様の主観によるものですが、**その感性を否定することはできません。**「さようでございますか。カタログにはお届けした商品の写真を掲載しておりますが、たしかに色合いが違っているようにも感じます。ご迷惑をおかけいたしまして、たいへん申し訳ございません」などとお詫びします。

●重要なのは「事実」ではなく、「感性」の問題であることも多い

④暴言を受け流す

脅し文句が出てきても「困る」は言わない

基本

「たいへん残念ですが、お客様のお考えですので、私どもがなにか言える立場ではございません」

※きっぱり言い切っていいが、あくまで口調はソフトに

「ネット（SNS）に流すぞ」というセリフは、いまやクレーマーの常套句です。

このほかにも「消費者センターに通報する」「裁判を起こす」「JARO（日本広告審査機構）に告発してやる」など、電話を受けた担当者がおもわずひるんでしまうフレーズは少なくありません。

しかし、ここでうろたえると問題をこじらせます。もし、「あ、それは困ります」「やめてください」などと**逃げ腰になると、足元を見られてどんどんつけ込まれてしまいます。**

そこで、こんなふうに対応します。

「たいへん残念ですが、お客様のお考えですので、私どもがなにか言える立場ではございません」

誠意をもって対応したにもかかわらず、こうした脅し文句を受けたなら、「お客様がなにを公表しようが、どこに通報しようが、それはお客様の自由です」というスタンスで臨むわけです。そして大切なのは、**方針の軸をブレさせない**ことです。腰砕けになると、さらに泥沼状態に陥ります。

●「困るけれど、しかたがない」と相手の〝土俵〟から降りてしまう

電話の受け方
電話の取り次ぎ
電話のかけ方
携帯電話
言葉づかい
トーンと話し方
トラブル対処法
クレーム対応原則
初期対応
状況把握と説明
ハードクレーム
タイプ別対処法

⑤バトンタッチ

ひとりで抱え込まず、上司に交代してもいい

基本

※こんなときはエスカレーション対応で臨む

①どのように対応していいのか判断できない

【例】「恐れ入りますが、私では判断できかねますので、担当者から折り返しお電話させていただきます」

②「責任者を出せ」と言われた

③相手の興奮状態が続いている

注意

「社長を出せ！」と悪質クレーマーから怒鳴られているときは、安易に取り次がない

クレーム電話対応では、電話に出た人（一次対応者）から上司（管理者）やクレーム対応の専任者に電話をかわることがあります。これは「エスカレーション対応」と呼ばれ、クレーム対応では欠かせない手段です。たとえば、お客様のご指摘に対して、**どのように答えればいいのかわからなくなったら、上司に交代してもらう**しかありません。

また、相手から「オマエでは話にならない。上司を出せ」と言われることもあります。その場合、**相手は決定権者と話して早く問題を解決したい**と考えているのが普通です。つまり、ここで一次対応者がいくら頑張っても、状況を好転させるのは難しいのです。無理をして話を引き出そうとすると、かえって怒りを膨らますことになりかねません。

ただし、悪質クレーマーが「社長を出せ！」と怒鳴っている場合などは、安易に取り次ぐべきではありません。エスカレーション対応は、原則としてその部署の責任者が終えるようにします。

なお、エスカレーション対応には、**相手の高ぶった感情を静める「クールダウン効果」**も期待できます。上役が出てきたことで、自尊心が満たされるからです。

●「ひとり」では心が折れる。いざとなったら頼れる仲間がいる

ここが盲点！

電話のマナー「やってはいけない！」チェックシート

Chapter 4　ハードクレーム

あなたは、こんなことをしていませんか？

× 大声で怒鳴られると、それだけで悪質クレーマーだと思い込んでしまう。

× 物静かな口調でクレームを申し立てる人には、つい気が緩んでしまう。

× 「クレームはすべて撃退する！」と敵愾《がい》心を燃やす。

× 相手から罵詈雑言を浴びせられると、自分が責められていると感じてヘコんだり、パニックに陥ったりする。

× 早口で苦情をまくしたてられると、そのペースに巻き込まれて感情的になってしまう。

× 事実関係を確認しようがないことについて、水掛け論を展開してしまう。

× 相手の「感性」を否定して、怒りを爆発させてしまうことがある。

× 「ネットに流すぞ」などという脅し文句に対して、「困ります」「やめてください」と言ってしまう。

× 自分で受けたクレーム電話は、なにがなんでも自分で解決しようとする。

× 「社長を出せ！」と言われたら、すぐ社長に交代してもらう。

Chapter 5

モンスタークレーマーの
タイプ別対処法

ひとくちにクレーマーといっても、さまざまなタイプがあります。とくに最近は、善良な市民がなにかのきっかけでモンスターと化し、以前には見られなかったタイプが続々と誕生しています。

クレーマーのタイプ別に傾向と対策をお伝えしましょう。

①上司気取りタイプ

社内で基準を設け、時間を区切って対応する

基本

※時間を区切って、エスカレーション対応に切り替える

「たいへん申し訳ございませんが、上司と検討させていただきますので、折り返しのお電話でよろしいでしょうか？」

応用

※悪質クレームには毅然とした態度で話を切り上げる

「私どもも誠意をもって対応させていただきましたが、ご納得いただけず残念です。会社としてこれ以上はご期待に沿うことができかねます」

近年、急増しているのが、論理的な男性高齢者からのクレームです。**定年退職後、もてあましたエネルギーをクレームという形で発散している**可能性が高いようです。

このタイプは、商品やサービスそのものについて苦情を訴えているのでもなければ、金品をせしめようとしているわけでもありません。企業やお店の従業員に「説教」することが目的になっているのです。しかも、このタイプの多くはかつて〝企業戦士〟として身につけたスキルがあり、それを武器に理路整然と苦情を申し立てます。

こうしたケースでは、ていねいな対応をしつつ、あらかじめ対応する時間を決めておくことが必要です。たとえば「話が30分以上続いたら、リーダーにかわる」などの基準を設けておくといいでしょう。**エスカレーション対応によって、相手の自尊心をある程度満足させる**ことができます。

また、このタイプは「報告書を出せ」「書き方が違う」などと要求し続け、クレームが長期化する傾向もあります。こちらとしては、どこで毅然とした態度をとるのか、基準を設けておくことが大切です。

●常習クレーマーには「時短のクレーム対応」を心がけよう

②
感情爆発タイプ

傾聴の姿勢を保ち、話が一巡したら言葉をかける

基本

① 怒りが静まるまで聞き役に徹する

② 「○○様、誠に申し訳ございません。たいへんご迷惑をおかけいたしました」※話が一巡したら

※あいづちの打ち方に変化をもたせる

応用

① 最初は長いスパンで、あいづちを打つ

② こちらの話に耳を傾けてもらえるようになったら、あいづちの間隔を短くする

最近、怒りを暴発させるお客様も目立っています。こうしたタイプのお客様に対しては、怒りが静まるまで聞き役に徹するしかありません。

ただし、じっと待っているだけでは収拾がつきません。お客様の話が一巡したら、「○○様、誠に申し訳ございません。たいへんご迷惑をおかけいたしました」と呼びかけます。

脳科学によれば、**怒りはだいたい20分間でいったん収まる**といわれています。ところが、感情の高ぶりに酔ってしまうと、再び興奮状態に陥ってしまいます。したがって、タイミングを見計らって、話し合いのテーブルについてもらうことが必要なのです。

ここで難しいのは、あいづちの打ち方です。ただ黙って聴いていると、「オマエ、聴いているのか！」となり、小刻みにあいづちを打つと、「本当に聴いているのか！」となります。つまり、**こちらが「真剣に聴いている」ことを上手に伝える**必要があるのです。

そこで、あいづちは最初、長いスパンで打ち、こちらの話に耳を傾けてくれるようになったら、あいづちの間隔を短くするといいでしょう。そして、徐々に復唱・確認につなげていきます。こうした細やかな扱いが奏功することも少なくありません。

●話の途中で反論したり、けんか腰になったりしてはいけない

③
粘着質
タイプ

相手の気持ちを受け止めて円満解決を目指す

基本

「たしかに、おっしゃるとおりかと思います」

「私もそう感じると思います」

※事実の説明で「思う」は禁句だが、こちらの気持ちを伝えるときには微妙なニュアンスを伝えることができる

「でもさぁ……」「だけどね……」「言っていることはわかるけど……」

このような逆接の接続詞をつかって、延々と話し続けるお客様がいます。担当者としては、不毛な会話を続けることにフラストレーションがたまり、なかには我慢できずに逆ギレしてしまう人もいます。しかし、こちらが感情的になっては元も子もありません。**相手の微妙な心理を読み取り、円満な解決を図る**ことが必要です。

このタイプに多いのが「**理屈ではわかっているけれど、感情として納得できない**」というパターンです。「あなたが私の立場だったら、どう思う?」というフレーズをつかう人が多いのも、その表れでしょう。そこで、こう聞かれたら「たしかに、おっしゃるとおりかと思います」「私もそう感じると思います」と応じます。大切なのは、相手の気持ちをしっかり受け止める言葉なのです。「お客様、そうはおっしゃいましても……」などと、相手の気持ちを閉め出すような言い方をしてはいけません。

ただし、「おっしゃるとおりです!」と過剰な理解を示すと、「じゃあ、やれよ」と、逆手にとられることがあるので注意します。

● 逆ギレしては元も子もない。しばらくの我慢は必要!

電話の受け方
電話の取り次ぎ
電話のかけ方
携帯電話
言葉づかい
トーンと話し方
トラブル対処法
クレーム対応原則
初期対応
状況把握と説明
ハードクレーム
タイプ別対処法

④ 理路整然タイプ

論理的なやりとりのなかでも「温かさ」を忘れない

基本

① 筋道を立てて話す

② 心を込めて話す

③ 話の腰を折らない

応用

「はい」「さようでございますか」と歯切れのいいあいづちで真摯な姿勢を示す

感情をあらわにせず、理路整然と意見を述べるお客様もいます。先に述べた「上司気取りタイプ」と共通点も多く、このタイプに苦手意識をもつ人は多いようです。相手の隙のない話し方に緊張してしまい、しどろもどろの対応になるのです。しかし、きちんと話せば納得していただける可能性は高いといえるでしょう。

ただし、話し方には十分注意する必要があります。

まず、相手が理路整然と話しているのですから、こちらもきちんと筋道を立てて話さなければなりませんが、冷たい話し方になってはいけません。テキパキ話すというより、むしろ心を込めて話すようにしてください。

また、どんなお客様に対しても、途中で話をさえぎるのは失礼ですが、とくにこのタイプは、話したいことが整理されているので、話の腰を折られることをとても嫌います。

さらに、「はい」「さようでございますか」と、ていねいで歯切れのいいあいづちで、真摯な姿勢を示すことも効果的です。

このようにして、状況把握をしっかり行ったうえで事情説明と提案に移ります。

●表面的には穏やかでも、クレーム客は怒りを抱えている

⑤
金品要求
タイプ

基本

即答しないで確認と対策の時間をつくる

① 悪質クレーマーかどうかを見極める

※「誠意を見せろ」「説明だけで終わりか」「他社では×万円くれた」などに要注意

② 即答しないで確認の時間をつくる

「私では判断しかねますので、お時間を頂戴できますか？」

「ご事情はわかりましたが、確認のお時間をいただけませんでしょうか？」

③ こじれそうになったら組織全体で対応する

電話の受け方
電話の取り次ぎ
電話のかけ方
携帯電話
言葉づかい
トーンと話し方
トラブル対処法
クレーム対応原則
初期対応
状況把握と説明
ハードクレーム
タイプ別対処法

クレーム電話のなかには、言いがかりをつけて金品をせしめようという悪質なものもあります。クレーム全体からみれば、ごくわずかですが、担当者が受けるストレスは非常に大きいでしょう。

こうした悪質クレーマーは、**さまざまな手口をつかってワナを仕掛けてきます**。いきなり怒鳴り声を張り上げてパニックに陥れたり、紳士然とした口調でじわじわと攻めてきたり、あるいは善良な市民を装い、情に訴えてきたりするのです。このような海千山千に対抗するのは容易なことではありませんが、**あくまで毅然とした態度で臨む**のが基本です。

そのためには、まず相手の正体を見極めなければなりません。「誠意を見せろ」「説明だけで終わりか?」「他社では×万円くれた」などという言葉が出てきたら警戒します。

また、相手の要求に対して即答しないことが大切です。事実確認の時間を十分にとって、その間に対策を練ります（右ページ参照）。

そして、こじれそうになったら組織全体で対応します。自分だけで対応しようとするのではなく、エスカレーション対応に移行しましょう。

●その場でまるく収めようとすれば、最悪の事態に陥る

ソツのない受け答えからクレーム対応まで
一生使《いっしょうつか》える「電話《でんわ》のマナー」

2018年 4月30日　初版発行
2023年 2月19日　6刷発行

著　者……尾形圭子《おがたけいこ》
発行者……塚田太郎
発行所……株式会社大和出版
東京都文京区音羽1-26-11　〒112-0013
電話　営業部03-5978-8121／編集部03-5978-8131
http://www.daiwashuppan.com
印刷所……誠宏印刷株式会社
製本所……株式会社積信堂

ISBN978-4-8047-1841-5